En otras palabras

Related Works

Cien años de identidad: Introducción a la literatura latinoamericana del siglo XX
Kelly Comfort

Indagaciones: Introducción a los estudios culturales hispanos
Mary Ann Dellinger, Ellen Mayock, and Beatriz Trigo

Learning French from Spanish and Spanish from French: A Short Guide
Patricia V. Lunn and Anita Jon Alkhas

The Seven Keys to Communicating in Mexico: An Intercultural Approach
Orlando R. Kelm, Olivia Hernandez-Pozas, and David A. Victor

En otras palabras

Perfeccionamiento del español
por medio de la traducción

Tercera edición

Patricia V. Lunn
Ernest J. Lunsford

Georgetown University Press
Washington, DC

The publisher is not responsible for third-party websites or
their content. URL links were active at time of publication.
All texts and images not credited were created by the
authors.

The authors have made a good-faith effort to reach all
rights holders for figures and tables. If the current rights
holder is unknown or has not responded to multiple
inquiries, the original source is noted. Any texts or images
not credited were created by the authors or are in the
public domain.

Library of Congress Cataloging-in-Publication Data

Names: Lunn, Patricia V. (Patricia Vining), 1946- author.
| Lunsford, Ernest J. (Ernest Jackson), 1945- author.

Title: En otras palabras: perfeccionamiento del español por
medio de la traducción / Patricia V. Lunn, Ernest J. Lunsford.

Description: Tercera edición. | Washington, DC: Georgetown
University Press, 2021.

Identifiers: LCCN 2020031777 | ISBN 9781647120092 (paperback)
| ISBN 9781647120160 (ebook)

Subjects: LCSH: Spanish language—Translating into English.
| English language—Translating into Spanish.

Classification: LCC PC4498 .L86 2020 | DDC 428/.0261—dc23
LC record available at https://lccn.loc.gov/2020031777

This book is printed on acid-free paper meeting the requirements
of the American National Standard for Permanence in Paper for
Printed Library Materials.

22   9 8 7 6 5 4 3 2
Printed in the United States of America

Índice

Acknowledgments

For this third edition, we are grateful to Hope LeGro at Georgetown University Press for her guidance and encouragement, and to Carmen Ceinos, Esperanza Morgan, and Maria Roura for their native-speaker expertise.

We hope that the friends who have taught us Spanish over the years will look on this book as partial payment of our debt to them. We can no longer repay our parents, who encouraged us to spend our junior year in Peru, but we continue to be grateful to them.

Preface to the Teacher

Rationale

In the debate on the teaching of foreign languages, there is general agreement that language learning is a long and incremental process and that different kinds of learning are appropriate at different stages. In the early stages of this process, which have been the focus of much of the theoretical debate, students acquire "chunks" of the foreign language and learn to communicate by manipulating these chunks. Because translation is a constant reminder of early learners' native language, it is counterproductive at this stage. Much later in the process, however, translation has a role to play.

Translation offers several benefits to advanced learners:

- **Translation counterbalances dependence on circumlocution.** In the positive sense, circumlocution allows learners to capitalize on limited linguistic resources; this is why beginning students are encouraged to make maximum use of it. In the negative sense, though, circumlocution can result in avoidance of certain structures, and resulting low proficiency in the use of these structures. Translation requires fidelity to the original text and so gives learners an opportunity to manipulate structures with which they may not have come to terms, or may even have actively avoided.

- **Translation requires attention to detail.** Adult language learners sometimes seem impervious to linguistic detail, even when it appears repeatedly in what they hear and read. Because the discipline of translation requires attention to detail, it can bring such detail to the level of awareness. Recent research in second language acquisition suggests that awareness plays a role in eventual acquisition of grammatical features; in this sense, the attention to detail required for translation may be helpful in the long-term process of acquisition.

- **Translation capitalizes on learners' knowledge of their native language.** Early-stage learners are likely to make naive use of this knowledge and to treat the second language as a calque on the first. But advanced xii | Preface to the Teacher

learners are ready to see their first language as a vehicle of communicative acts—for example, description, evaluation and narration—rather than as a model of structure. *En otras palabras* is designed to help students become aware of the communicative competencies they have in their native language, and of how these competencies can be applied to the learning of Spanish.

- **Translation is a cultural as well as a linguistic activity.** For professional translators, this is not only an article of faith but also a practical reality. For students, learning how to translate provides firsthand experience of the inseparability of language and culture. *En otras palabras* formally discusses many sociolinguistic and pragmatic issues, and the translation texts themselves provide examples of many others.

- **Translation is fun.** In spite of (or, perhaps, because of) the good-for-you qualities of translation, it has proven to be very popular with our students. They take pleasure in the problem-solving nature of the process and pride in the concrete products that result from it.

The goal of *En otras palabras* is to use translation to provide advanced learners of Spanish with hands-on manipulation of grammatical, lexical, and cultural detail. Though the book acknowledges the central importance of grammar, it is not a stand-alone grammar text. Students who do not own a reference grammar should buy one, as translation will provide them with many occasions for using it. (We particularly recommend Butt and Benjamin's *A New Reference Grammar of Modern Spanish,* 6th ed.) Nor is this book a manual for training translators, though it would be an appropriate text for the first course in a translation program.

Features

- **The book is divided into two parts, each with an introductory chapter.** The introductory chapter for the first part is about dictionary usage. Then, because grammatical structure provides the building blocks for all texts, regardless of content, the first part of the book is organized around grammatical concepts. The second part is organized around content, with an introductory chapter about the lexicon. This part of the book examines several specialized uses of Spanish, with the goal of building awareness of linguistic variation. Students who plan to use Spanish for some special purpose will require much more training and practice than is offered in this introductory treatment.

- **In each chapter, there are numerous texts in both English and Spanish.** Translating these texts provides two different kinds of experience. For students whose dominant language is English, translating into English first involves understanding the Spanish text, which can be surprisingly hard. Students who have learned to "read for meaning"—that is, to scan texts in search of information—often find that they simply do not know what the meaning of a specific word or structure is. Once they understand a given Spanish text, English-speaking students will find that there are many possible translations; here, group work is particularly useful in exploring the appropriateness of competing translations. Translating into Spanish, in contrast, involves making use of more limited linguistic resources; here, grammaticality is the primary issue. Both kinds of translation are demanding and useful.

- **All of the translation texts are short and complete.** They are short so that students will be able to remember and manipulate the grammatical and lexical detail contained in them, and they are complete so that students will have the context necessary for understanding and analysis. Even in a short translation text, however, the number of possible errors is unlimited, and teachers should not worry that a given text will generate insufficient activity to fill up class time. Indeed, time constraints often make it necessary to limit the kinds of mistakes that will be discussed in class.

- **The material in the book is designed for a semester-long class.** Even for advanced college students there is more than enough material for such a class. Clearly, the rate of progress through the text will depend on student level; slower classes can work with fewer of the texts, and faster classes with more.

Each chapter contains:
- short discussions of grammar and vocabulary, designed to prepare students to deal with features of that chapter's translation texts;
- grammar and vocabulary exercises designed to provide additional practice;
- texts for Spanish-English and English-Spanish translation (with a sample translation in the instructor's manual);
- application exercises of various types, including examples of amusing mistranslations; and
- review exercises designed to provide students with additional practice with perennial grammatical problems.

How to Use This Book

- **Be aware of the existence of Internet translation sites.** Yes, students can find sites that will do their translations for them, and the quality of the translations available has improved since the first edition of this book came out. However, these translations continue to be flawed, for the reasons discussed in Chapter 12. So, issues of dishonesty aside, reliance on computer translation is simply counterproductive. (If you're grading a translation done at home, you may want to provide yourself with the translation provided by one of the best of these, for purposes of comparison.)

- **Remember that there is only one original text, but there are many possible translations.** In practical terms, this means that the translations provided in the instructor's manual are *samples;* they are correct, but they may contain words or structures that sound unnatural to speakers of a given dialect of Spanish. Taking all possible dialectal variations into account is simply impossible; if you have many students from a single dialect area, you may want to adjust the translations to reflect that fact.

- **You can add texts to those provided here.** As you can see from perusing *En otras palabras,* we have used texts from a variety of sources: traditional tales, newspapers, websites, government documents, and literature. If you find that you need more, or different, texts, you can find them in the same places.

- **Consult the** *Instructor's Manual for* **En otras palabras,** *Tercera edición,* available on the Georgetown University Press website (https://press. georgetown.edu/).

Here are some hints for using the book in class:

- **There are many exercises in the book specifically designed for group work,** as the instructions indicate. If you want to do more group work, many of the other exercises can be adapted to this end. Some exercises can be done directly in class; others require that students prepare at home and then discuss their work with classmates. Alternatively, since many university-level courses now have accompanying course-management websites with online discussion boards, students can begin discussion of assigned items online. The instructor can then bring that discussion to class for students to continue. This use of online discussion boards encourages students to reflect on the assignment prior to the live class period.

- **When students have to turn in a translation, require that they write it on the computer.** This eliminates legibility problems and allows them to submit one copy electronically and print out one to refer to during class discussion. You can also require students to submit their translation to your online course-management website. This will allow you to attach rubrics and comments electronically, creating an easily accessible record of their progress.

- **There are many ways to go over a translation in class.** Depending on the technology available, you can (1) hand out, post online, or e-mail a sample translation to all students, ask that they study it for homework, and go over only those aspects of the translation about which they have questions; (2) ask a student to project a translation so that it can be discussed in class, and then rotate this assignment for succeeding texts; or (3) assign sentences to individual students and ask them to project their translations for class discussion. Corrections can be made directly on the screen if your classroom has an interactive smartboard, or you can project onto a whiteboard and write corrections there. Though students may initially feel hesitant about publicly airing their mistakes, they find it helpful—and reassuring—to see the mistakes that other students make. This process can be mirrored in the online environment by using discussion boards or applications, such as Google Docs. Students can work together to create a consensus about the optimal translation of a passage, and instructors can track each student's contributions to the discussion.

- **You may not want (or have time) to correct all mistakes in a given translation.** You may decide to give a grade based only on translations of one specific structure, or of certain structures already discussed in class, or of a variety of common structures.

- **Translation is a very time-consuming activity and, as such, hard to test directly in class.** However, there are kinds of test items that are useful in assessing students' progress. You can ask students to (1) translate a few short phrases from previous translations; (2) translate a shortened version of a previous translation; (3) translate new sentences modeled on those from previous translations; (4) choose the best translation of phrases from previous translations (the possibilities should include common mistranslations); or (5) exhibit knowledge of vocabulary from previous translations by matching, multiple choice, or definition. You may also want to dedicate a certain number of points on a test to a translation that students do at home and turn in on the day of the test; the additional translation texts included in the exercises at the end of each chapter can be used in this way.

- **There are native speakers of Spanish virtually everywhere in the United States.** When students are asked to do exercises that require the input of a native speaker, they can look for Spanish speakers among their classmates, among university employees (both teaching and support staff), and among their neighbors. If they are not shy, they may even approach Spanish-speaking strangers. They can also find online language-learning partners (which, of course, involves helping their partners with English). Students at the advanced level in their study of Spanish need to interact with speakers of the language they are learning—and the "ask a native speaker" exercises can serve as a pretext for them to do that.

The skills and concepts taught in this book are relevant to students from a wide variety of linguistic backgrounds. For this reason, we believe that you will find *En otras palabras* useful and flexible. We also believe that your students will find it entertaining and rewarding.

Preface to the Student

This book was written to address a problem that we have observed in our classes. As advanced students use Spanish more and more, they often find that there are choices—about grammar and about vocabulary—that they simply do not know how to make. It is sometimes possible to sidestep these choices by saying things in a different way, but this avoidance can produce big gaps in knowledge and fluency. If the problem described here is your problem, *En otras palabras* is for you.

You have already spent a lot of time studying grammar and vocabulary. This book approaches these topics in a different way, by asking you to observe, and then to translate, words and structures that are characteristic of Spanish. By observing, you will lay the foundation for paying attention to the details of what you hear and read, which is the basis of high-level fluency. By translating, you will practice manipulating what you have observed.

En otras palabras contains two kinds of translation texts: Spanish texts to be translated into English, and English texts to be translated into Spanish. Translating into English requires you to understand every word of the Spanish original, and then to decide how best to express it in English. Translating into Spanish requires that you use structures and words that are parallel to the English originals, and therefore prevents you from avoiding them. Both kinds of translation are useful.

Becoming a translator requires intensive training, and spending a semester with this book will not make you a professional translator. But it will make you aware of things you did not know, and it will provide you with interesting opportunities to improve your Spanish. We hope you enjoy the book.

1

Las estructuras del **español**

Introducción
a la primera parte

Conceptos básicos

¿En qué consiste una buena traducción? Lo más importante es, sin lugar a dudas, serle fiel a la versión original; el traductor tiene que mantener todo el significado del texto original. Este significado está compuesto por muchos elementos, que incluyen, desde luego, las palabras (el léxico) y las estructuras en que se combinan (la sintaxis). La elección del léxico y de la sintaxis no se hace al vacío, sin embargo; cada escritor o hablante elige —consciente o inconscientemente— las palabras y estructuras que mejor convengan en un contexto dado. Por lo tanto, el traductor tiene la responsabilidad de entender este contexto y respetarlo a la hora de traducir, tomando en cuenta el estilo impuesto por la situación comunicativa (el registro). Este último factor produce el tono, que no es un toque decorativo, sino un elemento fundamental del texto. El traductor que no se ocupe del tono va a producir una traducción poco convincente: sin su tono gracioso, el chiste no es chistoso; sin su tono oral, el diálogo parece irreal.

Este libro se titula *En otras palabras* porque el traductor tiene que usar otras palabras para traducir un texto; pero "en otras palabras" no quiere decir lo mismo que "palabra por palabra". Una visión simplista de la traducción es que se hace de manera lineal, traduciendo primero la primera palabra y, luego, la segunda y así sucesivamente. En realidad, no se puede proceder así; hay que entender la totalidad del texto original y luego expresarlo en otra lengua. Los intérpretes que trabajan en las cortes, por ejemplo, están obligados por ley a traducir el contenido y el tono fielmente, pero no a reproducir cada una de las palabras de la lengua original.

Otra noción simplista es que la mejor traducción es una traducción literal.

En realidad, sin embargo, solo una traducción interpretativa puede abarcar todos los elementos del significado. Los refranes constituyen un buen ejemplo de la diferencia entre la traducción literal y la interpretativa. Observe la gran diferencia entre las dos versiones de estos refranes:

Dime con quién andas y te diré quién eres.

Traducción literal: *Tell me who you walk with and I will tell you who you are*

Traducción interpretativa: *Birds of a feather flock together / You can tell a man by the company he keeps*

Del dicho al hecho hay mucho trecho.

Traducción literal: *From the saying to the doing, there's a big gap*

Traducción interpretativa: *It's easier said than done / There's many a slip 'twixt the cup and the lip*

Observe, primero, que la traducción interpretativa en los dos casos es una frase hecha (es decir, una frase que tiene una forma convencional). Las traducciones literales ni respetan el tono folclórico de la versión original ni comunican el mensaje que esta encierra. Observe también que hay dos traducciones para cada refrán. El texto original es siempre único, pero suele haber varias posibles traducciones y el traductor tiene que elegir entre ellas.

Poniendo lo anterior en práctica, analice los siguientes refranes y, con un compañero de clase, trate de encontrar un refrán equivalente en inglés que traduzca fielmente su significado y su tono folclórico:

1. No hay vida sin muerte ni placer sin pesar.
2. El tiempo es oro.
3. Estar entre la espada y la pared.
4. Zapatero, a tus zapatos.
5. En el peligro se conoce al amigo.

Para traducir un refrán, el traductor tiene que encontrar un refrán equivalente (y en tales casos puede recurrir a un refranero, o diccionario de refranes). Cuando no existe un equivalente para una frase hecha, el asunto se complica. Tomemos por ejemplo el titular que apareció en la portada de un diario después de la muerte de Aretha Franklin: **LA IRREPETIBLE VOZ DE ARETHA FRANKLIN**. **Irrepetible** quiere decir *unrepeatable* en inglés, pero *unrepeatable voice* no tiene sentido.

 ¿Puede sugerir una traducción más adecuada, manteniendo el significado y el tono del titular?
Un reportaje sobre la Madre Teresa de Calcuta proporciona otro ejemplo de una traducción literal inservible. Una revista se refirió a la monja como **una santa de carne y hueso**. La expresión **de carne y hueso** quiere decir, literalmente, *of meat and bone,* pero no se dice *a saint of meat and bone* en inglés. La frase hecha *flesh and blood* es mucho mejor: *a flesh and blood saint.*

 Suele haber más de una traducción. ¿Se le ocurre otra posible traducción de "una santa de carne y hueso"?
El traductor tiene cierta libertad para interpretar lo que traduce, pero, ¿hasta dónde llega esta libertad? La respuesta a esta pregunta depende del texto. En la traducción de un manual técnico, por ejemplo, adherirse al contenido es de suma importancia, mientras que en la traducción de una obra literaria, el estilo es igualmente importante. En un manual, la frase **«El líquido se hiela en un frasco»** puede traducirse como *«The liquid is frozen in a flask»*. Pero, en una novela de terror, la frase **«Se le heló la sangre en las venas»** no se va a traducir como *«The blood froze in his veins»*, sino con una frase hecha.

 Sugiera alguna fr ase hecha que conserve el significado y el tono de «Se le heló la sangre en las venas».
Evidentemente, el buen traductor debe dominar por completo tanto el idioma como la cultura de la que forma parte ese idioma. Por eso, los traductores profesionales suelen traducir de otra lengua a su lengua materna; pocas personas alcanzan un nivel de bilingüismo que les permita traducir de su propia lengua a otra. El objetivo de este libro, entonces, no es que el estudiante se convierta en traductor profesional, sino que mejore su conocimiento de las estructuras y las posibilidades expresivas del español mediante la disciplina de la traducción.

Los siguientes capítulos contienen dos tipos de texto, en español y en inglés. Los errores cometidos por el traductor anglohablante serán diferentes en los dos casos. Al escribir en inglés, cometerá errores estilísticos; al escribir en español, cometerá errores de gramática y de léxico. Estos últimos pueden evitarse por medio del uso adecuado del diccionario.

Cómo usar el diccionario

El mejor amigo del traductor es el diccionario, y hasta los traductores profesionales tienen que recurrir constantemente a este libro o a su versión electrónica. La traducción es una labor de muchísimos detalles, así que hay que consultar un buen diccionario (o varios) con frecuencia. Además, el proceso de buscar palabras lleva inevitablemente a consultas inesperadas, ampliando así el vocabulario del traductor.

Todo estudiante de una lengua extranjera sabe usar el diccionario, pero muchas veces lo usa de manera superficial. Veamos qué hay que saber para sacarle el máximo rendimiento. Primero, hay que saber interpretar las abreviaturas. Utilicemos como ejemplo la palabra *take* en inglés. Para traducir esta palabra, hay que hacer algo más que buscarla en el diccionario y escoger la primera opción que se encuentre.

Al buscar *take* en un diccionario bilingüe, se encuentra una larga lista de opciones. ¿Cómo elegir entre ellas? Esto depende de la función de la palabra en el contexto original. Primero, *take* puede ser sustantivo o verbo. La abreviatura **n** indica que es sustantivo (nombre), **nf** indica que es femenino y **nm** que es masculino. Cuando *take* es verbo, las abreviaturas **vt** y **vi** significan verbo transitivo (un verbo cuyo significado implica la existencia de un complemento directo) y verbo intransitivo (que no tiene complemento directo). Las demás partes de la oración son evidentes: **prep** (preposición), **pron** (pronombre), **adj** (adjetivo), **adv** (adverbio), etc.

Otras abreviaturas son geográficas e indican palabras dialectales: **Brit** quiere decir que es una expresión que se usa en Gran Bretaña, pero no en los Estados Unidos; **Arg** indica un argentinismo y **Mex** indica un mexicanismo, etc. En casos de duda, hay una sección, al principio o al final del diccionario donde se explican las abreviaturas.

¿Qué significan las siguientes abreviaturas inglesas?

1.	fpl	**9.**	conj
2.	vr	**10.**	pp
3.	subjunct	**11.**	ind
4.	inf	**12.**	interr
5.	hum	**13.**	vulg
6.	Bib	**14.**	dim
7.	Ec	**15.**	Ven
8.	CAm	**16.**	PR

En la mayoría de los casos, el diccionario bilingüe ofrece toda una lista de posibles traducciones. Algunas de estas posibilidades se pueden eliminar por razones gramaticales: para traducir un verbo no se elige un sustantivo, etc. Para elegir entre las restantes opciones, hay tres pasos básicos que seguir:

Buscar la palabra en la sección inglés-español de un diccionario bilingüe. Muchas veces, este será el único paso necesario, porque un buen diccionario siempre incluye ejemplos del uso de varias opciones.

Buscar varias opciones en la sección español-inglés del mismo diccionario. Ahí se puede verificar que la palabra se utiliza en cierto contexto.

Buscar la palabra en un diccionario español-español, donde se encontrará una definición escrita para nativohablantes, con ejemplos del buen uso. También, como paso adicional, se puede consultar un diccionario de sinónimos, que sirve para clarificar las diferencias entre palabras semánticamente parecidas.

Para ilustrar este proceso, tomemos el ejemplo de la palabra *move*. Para traducir *Her family moved to Barcelona* al español, hay que buscar *move* en la sección inglés-español de un diccionario bilingüe. (Fíjese que el verbo no aparece conjugado en el diccionario, sino como infinitivo).

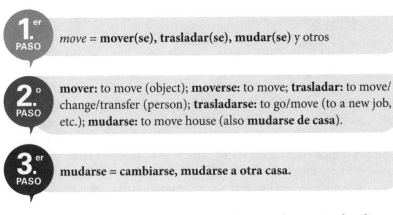

move = **mover(se), trasladar(se), mudar(se)** y otros

mover: to move (object); **moverse:** to move; **trasladar:** to move/change/transfer (person); **trasladarse:** to go/move (to a new job, etc.); **mudarse:** to move house (also **mudarse de casa**).

mudarse = **cambiarse, mudarse a otra casa.**

Ahora no cabe duda: *Her family moved to Barcelona.* = **Su familia se mudó a Barcelona.**

Siga los tres pasos para traducir los siguientes usos del verbo *take:*

1. I **took** an aspirin.
2. I **took** the book out of the library.
3. I **took** the book back to the library.
4. I can't **take** it anymore!
5. It **took** us five hours to get there.
6. I **took** my mother to the grocery store.
7. The policeman **took** my driver's license.
8. I **took** off my shoes.
9. I **took** the wrong road.
10. I **took** my brother's cell phone.
11. I **took** the train to Barcelona.

Paws, Inc. Used by permission.

El traductor de esta tira cómica pensaba que sabía lo que significaba *duck,* así que no buscó la palabra en el diccionario. Si lo hubiera hecho, ¿qué habría encontrado?

Los cognados y los falsos amigos

Los cognados constituyen otro aspecto del vocabulario, y de los diccionarios, que es importante señalar. Un cognado es una palabra que tiene la misma raíz y (casi) el mismo significado que una palabra en otro idioma. El español y el inglés comparten un sinnúmero de cognados. Muchas veces, una palabra en español y su cognado en inglés son aproximadamente equivalentes. **Universidad** y **familia**, por ejemplo, pueden traducirse como *university* y *family,* si no se olvida que los conceptos culturales nombrados por estas palabras son algo diferentes. Ni la prototípica universidad norteamericana, con su amplio *campus* y su equipo de fútbol, ni la prototípica familia nuclear se parecen a los prototipos españoles o latinoamericanos.

Por mucho que los cognados faciliten el aprendizaje del español, son una hoja de dos filos porque también existen muchos cognados falsos. Estas son palabras que se parecen a una palabra en inglés, pero quieren decir algo diferente. En este capítulo, y en otros capítulos de este libro, aparece una sección dedicada a estos "falsos amigos", porque dan pie a muchos errores.

En este primer capítulo, vamos a repasar algunos de los casos más conocidos de los falsos amigos. Por ejemplo, se sabe que la palabra **colegio** no quiere decir *college,* sino simplemente *school* (primaria o secundaria). Si un cognado no tiene sentido en algún contexto, es muy posible que sea un cognado falso. En esos casos, ¡busque la palabra en el diccionario!

 Estudie los falsos amigos que siguen y luego tradúzcalos correctamente:

1. colegio _____   *college* _____
2. librería _____   *library* _____
3. atender _____   *to attend* _____
4. asistir _____   *to assist* _____
5. éxito _____   *exit* _____
6. último _____   *ultimate* _____
7. ropa _____   *rope* _____
8. periódico _____   *periodical* _____
9. un suceso _____   *success* _____
10. suceder _____   *to succeed* _____
11. recordar _____   *to record* _____
12. embarazada _____   *embarrassed* _____

? ¿Cómo?

La siguiente frase es el resultado de uno de los errores que hemos comentado en este capítulo. Una alumna anglohablante escribió:

La última vez que lo llamé, mi novio

estaba pendiente afuera con mi hermano.

Evidentemente, esta estudiante no escribía directamente en español, sino que traducía palabra por palabra del inglés al español. ¿Qué expresión tradujo mal? ¿Cómo hubiera podido expresarla correctamente?

En Internet

Para traducir es imprescindible tener un buen diccionario impreso, pero también hay muchos diccionarios en línea. En www.wordref erence.com encontrará un buen diccionario bilingüe inglés-español. Búsquelo en Internet.

 **Ejercicios**

Ejercicio 1. En todas las lenguas, los niños tienen un sistema para escoger entre sus compañeros cuando juegan. En español se dice:

> **De tin marín, de do pingüé, cúcara, mácara, títere, fue.**
> **Yo no fui, fue Teté, pégale, pégale, que ella fue.**

¿Cuál sería una traducción apropiada de esta rima infantil? No se olvide de que la traducción debería respetar las convenciones de este tipo de rima en inglés.

Ejercicio 2. Hemos visto que los refranes no se pueden traducir palabra por palabra, sino que hay que encontrar algún refrán parecido en el segundo idioma. Escoja el refrán en inglés que corresponde al refrán en español:

Español

_____ **1.** A buen hambre no hay pan duro.

_____ **2.** De tal palo, tal astilla.

_____ **3.** No hay mal que por bien no venga.

_____ **4.** Siempre se rompe la soga por lo más delgado.

_____ **5.** No hay vida sin muerte ni placer sin pesar.

_____ **6.** A caballo regalado no se le mira el diente.

_____ **7.** No se ganó Zamora en una hora.

_____ **8.** Perro que ladra no muerde.

_____ **9.** Poderoso caballero es don Dinero.

_____ **10.** Antes que te cases, mira lo que haces.

_____ **11.** Más vale pájaro en mano que cien volando.

_____ **12.** En el peligro se conoce al amigo.

_____ **13.** A quien madruga Dios le ayuda.

English

_____ a. *Never look a gift horse in the mouth*

_____ b. *Every cloud has a silver lining*

_____ c. *God helps those who help themselves / The early bird gets the worm*

_____ d. *A friend in need is a friend indeed*

_____ e. *There is no rose without a thorn*

_____ f. *Marry in haste, repent at leisure / Look before you leap*

_____ g. *His bark is worse than his bite*

_____ h. *Money talks*

_____ i. *Rome wasn't built in a day*

_____ j. *A bird in the hand is worth two in the bush*

_____ k. *Hunger is the best sauce*

_____ l. *A chain is only as strong as its weakest link*

_____ m. *A chip off the old block*

Ejercicio 3. Busque la palabra **hacer** en un diccionario bilingüe y explique todas las abreviaturas que aparecen en la sección dedicada a esta palabra.

Ejercicio 4. Hay que tener mucho cuidado con los llamados falsos amigos. Traduzca estas oraciones, prestando especial atención a las palabras **en negritas:**

español → inglés

a. Mi hermanita **asiste** al **Colegio** San Francisco de Asís.

b. Mi tía está **embarazada.** Espera un hijo en febrero.

c. ¡Esa fiesta fue el **suceso** del año! ¡Fue todo un **éxito**!

d. Voy a la **librería** porque quiero comprar un **periódico.**

e. ¡Pero esta casa está hecha un desastre! ¿Qué **sucedió** aquí?

inglés → español

a. *My brother **goes to college** in California.*

b. *I was **embarrassed** because I couldn't **remember** her name.*

c. *For tomorrow's class we have to **record** a native speaker.*

d. *I work at the campus **bookstore,** and I **wait on** customers.*

e. *The meeting between the two presidents was a **success**.*

Ejercicio 5. A veces el significado de una palabra o expresión es obvio, aunque no se diga de exactamente la misma manera en inglés. A ver si puede deducir el significado de estas:

- a. parque de atracciones
- b. chaleco salvavidas
- c. asesino a sueldo
- d. gas hilarante
- e. cazatalentos
- f. cadena perpetua
- g. vientre de alquiler
- h. puerta vaivén

1

La narración I

Gramática: El tiempo presente

En inglés y en español, hay dos formas del tiempo presente: el presente simple y el presente progresivo. En inglés, el presente simple *(I travel, you work, he goes)* se utiliza para hablar de lo habitual, de lo que suele pasar. El presente progresivo *(I'm traveling, you're working, he's going)* se reserva para hablar del momento en que se está hablando y para el futuro.

En español, en contraste, el presente simple puede utilizarse para hacer referencia al momento actual. Por consiguiente, se usa mucho más en español que en inglés. Por ejemplo, con la pregunta **¿Qué haces?** uno puede pedir información sobre lo que está haciendo el oyente en ese momento (respuesta: **Me preparo para un examen**) o bien sobre lo que hace en la vida (respuesta: **Soy estudiante**). Como siempre, el contexto sirve para aclarar las dudas.

El presente simple se usa mucho en español para hacer referencia al futuro. Cuando el hablante ya ha planeado cierta actividad, dice: **Esta noche nos quedamos en casa, pero el fin de semana lo pasamos en la playa.** En estos casos, se usa el presente progresivo en inglés: *We're staying home tonight, but we're spending this weekend at the beach.* El presente en español también puede usarse para hacer una promesa: **Te llamo mañana.** En estos casos hay que usar el futuro en inglés: *I'll call you tomorrow.*

En las dos lenguas, el tiempo presente simple tiene una función adicional en el lenguaje oral. El hablante puede usarlo para enfatizar ciertas partes de las narraciones. En un contexto pasado, el tiempo presente sirve para resaltar los momentos dramáticos. Véase un ejemplo:

- David quería que se le hiciera caso. Así que un día **empieza** a armar un escándalo en el recreo y todo el mundo **viene** corriendo a ver qué **pasa**. Y funcionó, así que empezó a hacerlo todo el tiempo.
- *David wanted people to pay attention to him. So, one day he **starts** yelling and screaming on the playground and everybody **comes** running over to see what's the matter. And it worked, so he started doing it all the time.*

También, el tiempo presente simple se usa para narrar los chistes, tal como se puede observar en este capítulo.

Texto en español

Los verbos utilizados para narrar este chiste están conjugados en tiempo presente. Lea el texto, subraye los verbos e identifique el infinitivo que corresponde a cada verbo conjugado.

Chiste

Tono es informal para el chiste

Son dos viejitos que aman el béisbol: se pasan la vida viendo béisbol en la tele, hablando de sus jugadores favoritos y rememorando los partidos más importantes. Y como tienen muchos años, hablan también de la muerte y se prometen que el primero en morir volverá para informar al otro sobre el más allá. Así que un día se muere uno y, fiel a su promesa, visita a su amigo en sueños.

afterlife

—Oye, amigo, escucha. Tengo buenas noticias y malas noticias.
—Lo bueno primero.
—¡Este lugar te va a encantar! Todos los grandes jugadores están aquí, hay partidos todas las semanas, siempre hace buen tiempo...
—¿Y cómo puede haber una mala noticia, entonces?
—Bueno, mañana va a haber un partido... y tú vas a ser el lanzador.

En el capítulo anterior, se insistió en la necesidad de respetar el tono de cada texto. Recuerde que los chistes suelen contarse oralmente y, por consiguiente, las palabras y frases elegidas para la traducción deben pertenecer al registro oral.

Localice las siguientes frases en el chiste: **dos viejitos, se pasan la vida, rememorando los partidos, el más allá, fiel a su promesa.** Estas expresiones no pueden traducirse palabra por palabra sino que tienen que traducirse por frases que mantengan el mismo tono. Sugiera dos maneras de traducir cada frase. Luego, con sus compañeros de clase, decidan qué traducciones (habrá varias) son las más adecuadas.

Traduzca el chiste al inglés. Cuando haya escrito el primer borrador de su traducción, léalo en voz alta. Luego, haga los cambios necesarios para que la traducción tenga el tono de un auténtico chiste.

Léxico:
El diminutivo

Entre la abundante morfología que existe en español para modificar el significado de las palabras, hay un sufijo que aparece con gran frecuencia: el diminutivo. De los varios sufijos diminutivos, **-ito**, **-illo**, **-ico**, **-ín**, el primero es el más común. Es imposible abarcar todos los usos y significados de este sufijo, pero el diminutivo es tan común que merece especial mención.

El significado básico del diminutivo (compare el v. **disminuir** y el adj. **diminuto**) es el de reducción de tamaño, de importancia, de sinceridad. Por lo tanto, todo lo que se asocia con lo pequeño —bueno y malo— puede asociarse con el diminutivo. Al leer esta sección, fíjese en las múltiples maneras de traducir el diminutivo al inglés.

conejo → **conejito** *(bunny)*

mantel → **mantelito** *(placemat)*

Con el adjetivo, el diminutivo significa (objetivamente) un menor grado de una cualidad, o (subjetivamente) el evitar una descripción potencialmente ofensiva:

bajo → **bajito** *(on the short side)*

nervioso → **nerviosito** *(kind of nervous)*

A veces, el diminutivo minimiza la posible agresividad de un mandato o petición y, así, suaviza la comunicación:

favor → ¿Puedes hacerme un **favorcito**? *(Can you please do me a favor?)*

tiempo → Necesito un **tiempito** más *(I need just a little more time)*

Metafóricamente, se puede utilizar el diminutivo para reducir el valor —objetivo o subjetivo— de algo:

película → una **peliculita** *(a lightweight movie)*

año → 50 **añitos** *(a mere 50 years)*

Las cosas pequeñas despiertan cierto cariño en los seres humanos y, metafóricamente, el diminutivo puede añadir un matiz cariñoso a la palabra a la que se agrega. Por esta razón, aparece a menudo con los nombres de parientes y amistades.

Abuela → **Abuelita** *(Grandma)*

Miguel → **Miguelito** *(Mickey, Mike)*

Desde luego, el diminutivo cariñoso puede ser utilizado de manera insincera. Esta insinceridad produce el sarcasmo.

jefe → mi **jefecito** *(my dear boss)*

perfecto → Todo estaba **perfectito** *(Everything was just so)*

Entre los más de 400 millones de hispanohablantes, existe un sinfín de variaciones en el uso del diminutivo. Ciertos dialectos (por ej. el mexicano y el ecuatoriano) tienen fama de ser hiper-diminutivizantes. En estos dialectos, se oyen frases como las siguientes:

casi → ¡**Casito** me muero! *(I could have just died!)*

uno → Cómpreme **unito** *(Buy just one little thing from me)*

1. ¿Cómo pueden traducirse estos sustantivos: **gatito, cucharita**?
2. ¿Cómo pueden traducirse estos adjetivos: **tontito, gordito**?
3. ¿Cómo pueden traducirse estos mandatos suaves: **Devuélvemelo dentro de una horita. Déjame un huequito**.?

4. Sugiera una traducción que comunique el tono peyorativo de: **10 pesitos, un galardoncito.**

5. ¿Cuál será el significado irónico de estas frases: **Va muy bien vestidita. Es un angelito.**?

Ahora, localice Ud. la palabra **viejitos** en el chiste que ha traducido. Ya que ha estudiado los diminutivos ¿está satisfecho con su traducción?

 Texto en inglés

Traduzca este chiste del inglés al español.

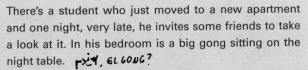

There's a student who just moved to a new apartment and one night, very late, he invites some friends to take a look at it. In his bedroom is a big gong sitting on the night table. ¿qué, el gong?
"What's with the gong?" they ask.
"It's a talking clock," says the student.
"A talking clock! How does it work?"
"Watch," he says. And he hits the gong with a hammer. Immediately, a voice from the other side of the wall yells, "Hey, it's three in the morning!"

? **¿Cómo?**

La graciosa traducción que sigue revela el mal uso del diccionario bilingüe:

Don Juan murió consumido por las llamas del infierno.

Don Juan was eaten alive by the llamas from Hell.

¿Qué palabra se ha traducido mal? ¿Cuál sería una buena traducción?

 En Internet

Desde luego, se encuentran chistes en Internet. Al meter **los mejores chistes** en un buscador, tendrá acceso a muchísimos. Verá que es difícil encontrar un chiste que sea gracioso a la vez que no ofenda a nadie. Busque un chiste de estas características y compártalo con sus compañeros de clase. Luego, pueden trabajar en grupos para traducir sus chistes favoritos.

📝 Ejercicios

Ejercicio 1. Elija la palabra o frase que mejor traduce cada uno de los siguientes diminutivos:

1. Te quiero, cielito.	a. *right away*
2. Dame un poquito más.	b. *a nice Spanish girl*
3. Ahorita voy.	c. *sweetheart*
4. Viven al ladito.	d. *a little softer*
5. Son altitos.	e. *a second*
6. Se casó con una españolita.	f. *kind of wild*
7. Víctor es manitas.	g. *a little bit*
8. Habla más bajito.	h. *good with his hands*
9. Damaris es loquita.	i. *right next door*
10. Espera un momentito.	j. *pretty tall*

Ejercicio 2. A continuación, aparecen algunas frases del chiste de los amantes del béisbol, con algunas posibles traducciones. Diga cuál traducción le parece la más acertada y prepárese para explicar por qué, refiriéndose a los conceptos de tono y registro del capítulo anterior.

- **en la tele:**
  a. *on television*
  b. *on the television*
  c. *on TV*

- **tienen muchos años:**
  a. *they're elderly*
  b. *they're very old*
  c. *they're senior citizens*

- **el primero en morir:**
  a. *the first one who dies*
  b. *the first one to die*
  c. *the first in dying*

- **Oye, amigo:**
  a. *Hey, buddy*
  b. *Listen up, guy*
  c. *Listen, my friend*

- **Este lugar te va a encantar:**
  - **a.** *You'll love this place*
  - **b.** *You're going to love this place*
  - **c.** *You're gonna love this place*

Ejercicio 3. Lea este chiste y, luego, explique en qué consiste el juego de palabras y por qué no puede traducirse al inglés.

**Es un árbol lleno de manzanas. Una manzana cae a la tierra,
y las demás empiezan a reírse.
La manzana caída las mira y dice: «Inmaduras».**

Ejercicio 4. (Repaso de falsos cognados). Piense en la palabra *event,* que puede traducirse de varias maneras: **acontecimiento, evento, suceso.** La palabra **suceso** es uno de los falsos amigos que vimos en el Capítulo 1. En el siguiente ejercicio, traduzca las palabras en negritas y observe que el falso amigo no sirve como traducción.

a. un **suceso** importante   *an important _____*

b. la familia **real**   *the _____ family*

c. el momento **actual**   *the _____ momento*

d. ¡Qué **pena**!   *What a _____!*

e. Son **parientes** míos.   *They're my _____.*

f. No lo **soporto**.   *I can't _____ it.*

g. la primera **lectura**   *the first _____*

h. **Avísenme** pronto.   *_____ right away.*

i. Le **retiraron** el carnet.   *They _____ his license.*

j. **Desgraciadamente**, no hay.   *_____, there isn't any.*

Ejercicio 5. (Ejercicio diagnóstico). Traduzca la siguiente historia al español. Si tiene que buscar las palabras *make, branch, hard* y *answer* en el diccionario, elija bien entre las varias posibilidades que aparecen allí. (Este mismo ejercicio volverá a aparecer en otros capítulos, para que pueda ir corrigiendo sus errores paso a paso).

There was a college student who wanted to learn Spanish. After studying it for four years, he still couldn't speak it well. So, he decided he needed to use the language. His first idea was to take a trip to a Spanish-speaking country. But, traveling is expensive and he didn't have very much money. Fortunately, before he could make a decision about all of this, he was offered a job with a company that had a branch in Mexico. On the first day the boss told him to translate a letter written in Spanish. Because he'd studied translation, he was able to do it. The first time he talked on the phone in Spanish, however, was very difficult. If he'd known how hard it was going to be, he wouldn't have answered the phone!

La narración II

Gramática: El tiempo pasado

Hay solo una forma simple del tiempo pasado en inglés (que termina en -*ed* cuando el verbo es regular), mientras que en español hay dos: el pretérito y el imperfecto.

 Traduzca los verbos del siguiente relato y verá que las dos formas del tiempo pasado se reducen a una en inglés:

> Marcos **comió** hace poco en La Gran Muralla, pero, aunque **tenía** ganas de comida china, no le **gustó** nada el arroz salteado de la casa. Esa noche **estaba** muy resfriado [HAD A COLD], así que las condiciones no **eran** óptimas para que disfrutara del restaurante. Además, **quería** pasar un rato charlando con su novia después de comer, y ella **tuvo** que irse pronto porque **tenía** que estudiar.
> SHE HAD TO LEAVE QUICKLY BECAUSE SHE HAD TO STUDY

Tanto el pretérito como el imperfecto se refieren al pasado; son dos aspectos del mismo tiempo. Básicamente, el hispanohablante utiliza el pretérito para referirse a situaciones que están completas en el contexto de lo que está diciendo y, el imperfecto para referirse a situaciones ilimitadas o incompletas en el mismo contexto. Vuelva al ejercicio anterior y verifique que **comió**, **gustó** y **tuvo** ocurren durante la visita al restaurante, mientras que **tenía**, **estaba**, **eran**, **quería** y **tenía** no tienen esos límites.

En español, todas las historias contadas en tiempo pasado tienen un primer plano y un segundo plano. El pretérito corresponde al primer plano, porque los límites —principio y fin— de las situaciones completas les confieren un carácter definido. El imperfecto corresponde al segundo plano, porque las situaciones incompletas son relativamente indistintas. La gramática española no impone la elección de una forma u otra; al contrario, el hispanohablante tiene que decidir, cada vez que habla en tiempo pasado, qué elementos de su relato quiere colocar en el primer o en el segundo plano.

El punto de vista del hablante es lo que determina la clasificación de los eventos. En una autobiografía, por ejemplo, la vida del narrador constituye el primer plano (en pretérito) y lo demás ocupa el segundo plano (en imperfecto):

> Yo nací en el año 2002 cuando Bush era presidente.

En cambio, en un libro de texto, los acontecimientos históricos ocupan el primer plano (en pretérito):

> **George W. Bush fue presidente de 2001 a 2009.**

Observe cómo un cambio de enfoque produce un cambio en el uso del pretérito e imperfecto en las siguientes frases. Luego, traduzca las frases y verifique que el contraste pretérito/imperfecto no siempre se expresa en inglés.

1. Los moros **controlaron** partes de la Península Ibérica durante casi ocho siglos. **(vs.)** El Cid se hizo famoso cuando los moros **controlaban** gran parte de la Península Ibérica.

2. Magallanes **inició** su histórico viaje en 1519. **(vs.)** Mientras que Magallanes **iniciaba** su viaje en 1519, Cortés llegó a la capital azteca.

3. Los países andinos se **independizaron** de España en la tercera década del siglo XIX. **(vs.)** Durante el período en que se **independizaban** los países andinos, se estableció una república en México.

Metafóricamente, el tiempo se parece a una interminable cadena. Si algún eslabón de esta cadena puede verse entero, entonces puede describirse con el pretérito. Por ejemplo:

Me levanté, me duché, me tomé un café y me fui a trabajar.

En esta frase, cada acción en la serie está completa y constituye un eslabón en la cadena del tiempo.

Si el hablante está muy cerca de una situación, temporal o psicológicamente, no la puede ver entera; solo puede ver el interior del eslabón. Este punto de vista lleva al uso del imperfecto; en inglés se puede usar el verbo compuesto *was/were -ing* en estos casos. Los sueños, por ejemplo, se narran en el imperfecto porque el hablante no puede ser objetivo; no puede separarse de lo que ha soñado.

Yo caminaba por una sala muy grande y detrás de mí venía una persona que no conocía y gritaba pero no me oía nadie...

Si el hablante está muy lejos de una situación, temporal o psicológicamente, no puede percibir sus límites; no puede distinguir entre un eslabón y otro. Esta falta de claridad lleva también al uso del imperfecto; en inglés, el verbo *used to* significa que el hablante ha adoptado este lejano punto de vista.

En mi juventud, los hijos vivían con sus padres hasta que se casaban y, así, se acostumbraban a tratar con gente mayor.

No se puede elegir entre pretérito o imperfecto fuera de contexto; una misma situación puede describirse de una manera u otra, según el punto de vista del hablante. En la primera frase que aparece a continuación, el hablante percibe la situación entera; en la segunda, los límites de esa misma situación son irrelevantes porque hay otra situación que ocupa el primer plano.

Vivimos cinco años en California [y se sigue hablando de California]	**vs.**	Empecé a aprender español cuando vivía en California...[y se sigue hablando del aprendizaje del español]

El hispanohablante, entonces, utiliza pretérito e imperfecto para resaltar lo importante y desenfocar lo secundario. Los pequeños textos en este libro le darán muchos ejemplos de cómo se pone en práctica el contraste entre estas dos formas verbales.

🖉 Texto en español

Lea "El ópalo" y observe los verbos. Primero, identifique todos los verbos conjugados en pretérito o en imperfecto. Luego, observe que todos los pretéritos corresponden a situaciones limitadas en el contexto del cuento y que todos los imperfectos corresponden a situaciones contextualmente ilimitadas.

Después de estos pasos preparatorios, traduzca "El ópalo" al inglés. El estilo es formal pero sencillo, así que la traducción también debe tener estas características.

El ópalo

En la tienda del anticuario, Sánchez vio una maciza bola negra. «Acaso me sirva como pisapapeles», pensó. Preguntó por su precio. El anticuario la tomó entre las manos, la acarició con los ojos y dijo:

—No puedo dar el precio: es, de veras, inapreciable. Vale un ojo de la cara, como que lleva escondido un ojo de la cara, la cara de Dios.

Y en seguida explicó que quien se la dejó ahí, empeñada, aseguró que dentro de la esfera había un ópalo donde se podría ver cualquier instante del pasado: que él, por su parte, no dudó de la palabra del dueño de esa magia; que desgraciadamente no había modo de partir la esfera para recobrar el ópalo y nadie quería pagar lo que valía; que la tenía allí como una bola inservible.

—Imagínese —continuó el anticuario, contemplándola y contemplándola—. Imagínese lo que sería poder ver toda la historia...

—No me interesa —dijo Sánchez—. Yo sólo quería un pisapapeles.

—Enrique Anderson Imbert

🔍 Léxico:
Prefijos y sufijos

Algunas palabras de "El ópalo" están compuestas de una combinación de raíz más prefijo o sufijo. Cuando sepa qué significan estos prefijos y sufijos, podrá entender el significado de muchas palabras sin tener que consultar el diccionario.

des-	prefijo negativo. Por ejemplo: **gracia → desgracia**
in-	prefijo negativo. Por ejemplo: **servible → inservible**
pisa-	morfema derivado del verbo **pisar** "poner el pie sobre alguna cosa". Por ejemplo: **pisa + papeles →** pisapapeles
re-	prefijo que significa repetición de la raíz. Por ejemplo: **cobrar → recobrar**
-ario	sufijo que identifica una colección de, o una persona que trabaja con, la raíz. Por ejemplo: **antiguo → anticuario**
-ble	sufijo que hace adjetivos a base de una raíz verbal. Por ejemplo: **apreciar → apreciable → inapreciable**
-mente	sufijo que hace adverbios a base de adjetivos. Por ejemplo: **desgraciado → desgraciadamente**

1. ¿Qué significan estas palabras: **desandar, desayuno, descremar, descubierto, desviar?**
2. ¿Qué significan estas palabras: **informal, innecesario, inoxidable, insano?**
3. ¿Qué hace la persona llamada **pisaúvas?**
4. ¿Qué significan estas palabras: **recaer, reintegrar, releer, remojar, repasar?**
5. ¿En qué consisten estas colecciones: **abecedario, poemario, recetario, vocabulario?**
6. ¿Qué hacen estas personas: **becario, bibliotecario, intermediario, mandatario?**
7. ¿Qué significan estos adjetivos: **lavable, legible, vendible, verificable?**
8. ¿Qué significan estos adverbios: **desgraciadamente, inesperadamente, tontamente, verdaderamente?**

Ahora, identifique las palabras compuestas de "El ópalo" y trate de comprenderlas con base en su estructura morfológica.

Texto en inglés

Lea el texto siguiente e identifique todos los verbos conjugados en tiempo pasado. Al traducir este cuento tradicional tendrá que decidir si estos verbos deben aparecer en pretérito o en imperfecto.

The Wise Man's Advice

SABIO

Once upon a time, there was a wise man who spent his days sitting by the side of the road that ran between two great cities. Because of his reputation, people would often ask his advice. One day, a woman asked if the wise man could satisfy her curiosity about something: "I'm moving to the other city, and I wonder what people are like there."

"What are people like in your city?" asked the wise man.

"Well, you can't trust them. They're always lying and gossiping, and I can't wait to see the last of them."

"In that city, the people are just the same," said the wise man.

Some time later, another woman stopped and asked the same question. *SE HACE UNA PREGUNTA*

"What are people like in your city?" asked the wise man.

"Oh, my neighbors are wonderful! They're kind and generous, and I'll miss them very much."

Said the wise man, "In that city, the people are just the same."

 ¿Cómo?

Hablando de sus planes para el futuro, un estudiante escribió:

Quiero casarme y tener tres cabritos.

Los sustantivos no suelen aparecer en el diccionario con diminutivo, pero en algunos casos una palabra inglesa corresponde a una forma diminutivizada. ¿Cuál es la palabra que trataba de traducir el estudiante?

 En Internet

Los cuentos de hadas constituyen ejemplos muy claros del uso contrastivo del pretérito y del imperfecto. Busque algún cuento de hadas en Internet (La bella durmiente, Blancanieves, La Cenicienta, Pulgarcito, Los tres cerditos, Los tres deseos, etc.), lea el cuento y trate de entender en cada caso por qué se ha usado una u otra forma verbal.

📝 Ejercicios

Ejercicio 1. Decida si el título de la película debe traducirse con pretérito o imperfecto. Con una excepción (b.) el verbo en inglés no da ninguna pista sobre la elección del verbo en español; para elegir, hay que saber cuál es la diferencia de significado entre una forma y otra. Prepárese para justificar su elección.

a.	*The Girl Who Kicked the Hornet's Nest*	**La chica que pateó/pateaba el avispero**
b.	*While You Were Sleeping*	**Mientras dormiste/dormías**
c.	*One Flew Over the Cuckoo's Nest*	**Alguien voló/volaba sobre el nido del cuco**
d.	*Gone with the Wind*	**Lo que el viento se llevó/llevaba**
e.	*When Harry Met Sally*	**Cuando Harry conoció/conocía a Sally**
f.	*I Know What You Did Last Summer*	**Sé lo que hicieron/hacían el verano pasado**
g.	*Who Framed Roger Rabbit?*	**¿Quién engañó/engañaba a Roger Rabbit?**
h.	*The Spy Who Came in from the Cold*	**El espía que regresó/regresaba del frío**
i.	*The Way We Were*	**Tal como fuimos/éramos**
j.	*How the Grinch Stole Christmas*	**Cómo el Grinch robó/robaba la Navidad**

Ejercicio 2. (Repaso de sufijos). El sufijo **-azo** se usa para nombrar un golpe dado con el objeto nombrado en la raíz de la palabra. Un vistazo, por ejemplo, es un golpe dado con los ojos (*glance* en inglés). Ahora, analice estas palabras y tradúzcalas al inglés:

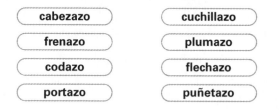

cabezazo	cuchillazo
frenazo	plumazo
codazo	flechazo
portazo	puñetazo

Ejercicio 3. Lea este pequeño cuento y observe los verbos conjugados en pretérito (= la situación tiene límites en el contexto del cuento) y en imperfecto (= la situación ni comienza ni termina en este contexto). Luego, traduzca el cuento.

Una vez había un granjero que vendía mantequilla a un panadero. Un día, el panadero decidió pesar la mantequilla para averiguar si el granjero le daba el peso debido. Y, claro, faltaba algo. Enfadado, llevó al granjero a los tribunales. El juez le preguntó al granjero cómo pesaba su mantequilla.

El granjero respondió: «Su Señoría, soy pobre y no tengo pesas, pero sí tengo una balanza».

Preguntó el juez: «Entonces, ¿cómo hace para pesar la mantequilla?».

Replicó el granjero: «Su Señoría, todos los días le compro un kilo de pan al panadero y, cuando me lo entrega, lo pongo en la balanza y le doy exactamente el mismo peso de mantequilla».

Ejercicio 4. Lea este chiste y, luego, explique en qué consiste el juego de palabras y por qué no puede traducirse al inglés.

¿Cuál es el animal más perezoso del mundo?
El pez.
¿El pez? ¿Qué hace el pez?
Nada.

Ejercicio 5. (Ejercicio diagnóstico). Traduzca la siguiente historia al español. Ahora que ha estudiado el contraste pretérito vs. imperfecto, aplique esta lección a la traducción de los verbos señalados.

There **was** a college student who **wanted** to learn Spanish. After studying it for four years, he still **couldn't** speak it well. So, he **decided** he **needed** to use the language. His first idea **was** to take a trip to a Spanish-speaking country. But, traveling is expensive and he **didn't have** very much money. Fortunately, before he could make a decision about all of this, he was **offered** a job with a company that **had** a branch in Mexico. On the first day the boss **told** him to translate a letter written in Spanish. Because he'd studied translation, he **was able** to do it. The first time he **talked** on the phone in Spanish, however, **was** very difficult. If he'd known how hard it **was going** to be, he wouldn't have answered the phone!

La descripción I

Gramática: Los adjetivos

Se dice que "el adjetivo modifica al sustantivo". ¿Qué significa esto? Consideremos el sustantivo (y cognado) **modelo.** Al ver esta palabra, todos tenemos una idea de lo que significa. Pero si se le agrega el artículo femenino **una**, esta idea es modificada, o sea, cambiada.

una modelo = una mujer que vende su imagen con fines publicitarios

Y si se le agrega un adjetivo descriptivo, el significado se modifica aún más.

una modelo **argentina**

Los adjetivos sirven para modificar, literalmente, el significado del sustantivo.

Los adjetivos pueden dividirse en dos grandes clases: los artículos, que se colocan delante de los sustantivos, y los adjetivos descriptivos, que suelen colocarse después (con ciertas excepciones comentadas en este capítulo).

El artículo definido —**el**, **la**, **los**, **las**— marca a los sustantivos que han sido definidos anteriormente. Hay una diferencia muy importante entre el español y el inglés con respecto a lo que significa "definirse anteriormente".

En español, igual que en inglés, el sustantivo puede haberse definido por alguna experiencia que comparten el hablante y el oyente:

el hombre que llamó ayer = *the man who called yesterday*

Aquí, el artículo definido se refiere en las dos lenguas a un sustantivo específico. Pero hay una diferencia importante entre las dos lenguas: en español todo el conocimiento que el hablante y el oyente tienen en común constituye una "definición anterior". El artículo definido aparece con sustantivos genéricos en español porque estos sustantivos nombran algo conocido por todo el mundo.

El hombre es el único animal que puede hablar.

En inglés, el artículo definido aparece únicamente con sustantivos específicos. El sustantivo genérico aparece sin artículo:

(-) Man is the only animal that can talk.

El artículo indefinido —**un**, **una**, **unos**, **unas**— marca a los sustantivos que no se han definido previamente. Aparece con menos frecuencia en español que en inglés, porque los sustantivos indefinidos pueden aparecer sin artículo en español.

¿Tienes (-) fuego? = *Do you have **a** match?*

La ausencia del artículo en español significa que el sustantivo es un miembro representativo de una clase o categoría.

 Identifique el significado del artículo o de la falta de artículo antes de traducir las frases al inglés.

1. Todos estamos rezando por **la** paz.
2. **Los** arqueólogos estudian **la** cultura humana.
3. Trágicamente, **las** guerras civiles suelen ser muy sangrientas.
4. Se gana más trabajando de (-) camarero, pero **el** trabajo es duro.
5. El pan forma parte de **la** tradición culinaria de muchos países.
6. Me gusta más **el** vino tinto que **el** blanco.
7. Se dice que **la** música es **un** lenguaje universal.
8. Ese hombre es (-) primo de mi mujer.

En la mayoría de los casos, el adjetivo descriptivo se coloca después del sustantivo en español. Desde luego, en inglés estamos acostumbrados a otro orden de palabras.

the **Davis** Cup = la Copa **Davis**

De hecho, el adjetivo puede colocarse delante del sustantivo en español también. Y la anteposición y posposición del adjetivo responden a un contraste semántico.

Cuando el adjetivo descriptivo sirve para distinguir un sustantivo de otros miembros de una misma categoría, se pospone al sustantivo. "Una modelo argentina" se distingue de otras modelos; "la Copa Davis" se diferencia de otras copas, etc. En la gran mayoría de los casos, el adjetivo tiene esta función diferenciadora, lo que hace que la posposición del adjetivo sea muy común.

Sin embargo, existe otra posibilidad: el sustantivo puede nombrar algo único, una entidad que, por definición, no necesita diferenciarse de otras. En estos casos, es lógicamente imposible que el adjetivo tenga una función diferenciadora. Los adjetivos que modifican a sustantivos únicos, entonces, tienen que anteponerse al sustantivo:

La mujer reaccionó con una sonrisa **enigmática**. (hay otros tipos de sonrisa)	(vs.)	La Mona Lisa es famosa por su **enigmática** sonrisa. (esta sonrisa es única)

Otras veces, el adjetivo nombra una cualidad inherente del sustantivo. En estos casos, el adjetivo solo sirve para destacar esta cualidad y no tiene un papel diferenciador. Estos adjetivos también se anteponen al sustantivo. En el ejemplo que sigue, el adjetivo **delicioso** se antepone al sustantivo **chocolate** porque se supone que todo el chocolate es delicioso.

El caramelo está cubierto por una capa de **delicioso** chocolate.

En cada caso, explique el porqué de la anteposición del adjetivo descriptivo.
1. El primer ministro habló con la **sutil** ironía que le caracteriza.
2. La **triste** noticia de su muerte nos conmovió a todos.
3. La película consigue plasmar el **maravilloso** mundo de la infancia.
4. A la Virgen María la llaman la **Blanca** Paloma.
5. Estamos aquí para reconocer a nuestro **distinguido** colega.
6. Muchos críticos han alabado la **hermosa** voz de Plácido Domingo.

7. Las **inmensas** llanuras de las pampas argentinas parecen inacabables.
8. El secreto no se revela hasta el **último** capítulo.
9. El **refrescante** sabor de limón es muy popular en verano.
10. El **Santo** Padre vive en el Vaticano.

Ahora bien, aunque la anteposición del adjetivo es perfectamente correcta en español, y se practica por las razones expuestas, es menos común que la posposición. El ser relativamente infrecuente le da un matiz especial, que el hispanohablante puede aprovechar cuando quiere hablar de manera altisonante. Como resultado, la anteposición del adjetivo se ve más en el lenguaje formal o poético, y se asocia con esos estilos.

Texto en español

Lea este texto sobre un parque boliviano, e identifique los adjetivos antepuestos. ¿Cómo se explican estos casos? Luego, traduzca el texto al inglés.

El parque nacional Noel Kempff Mercado

El parque nacional Noel Kempff Mercado cubre una superficie de aproximadamente 1.600.000 hectáreas en el nordeste de Bolivia, en una de las áreas biológicas más diversificadas del mundo. Esta remota región, que sube desde la selva tropical Amazónica hasta espectaculares farallones y cataratas, alberga centenares de especies raras y amenazadas. Situado entre comunidades ecológicas húmedas y secas, el parque es el habitat de más de 130 especies de mamíferos, 620 especies de pájaros y 70 especies de reptiles, entre ellos el caimán negro. Una rica variedad de pastos, orquídeas (110 especies) y árboles florecen el año entero. La diversidad de flora y fauna del parque lo convierten en un lugar idóneo para la investigación biológica y una atracción inolvidable para actividades de ecoturismo.

—del sitio web del Proyecto de Acción Climática Noel Kempff Mercado, por cortesía de The Nature Conservancy

Léxico:
Sustantivos que funcionan como adjetivos

En inglés, el orden de las palabras es relativamente fijo. El adjetivo, por ejemplo, se encuentra delante del sustantivo que modifica (y el sujeto delante del verbo, y el complemento después del verbo, etc.). Este orden fijo hace que una palabra se entienda como adjetivo por el mero hecho de encontrarse delante del sustantivo.

Diga en cada caso qué palabra funciona como el adjetivo, y cuál es la diferencia de significado entre un par de palabras y el otro. Luego, traduzca los términos al español y observe las diferencias entre las dos lenguas.

1. *trial jury* vs. *jury trial*
2. *tile floor* vs. *floor tile*
3. *garden vegetable* vs. *vegetable garden*
4. *cane sugar* vs. *sugar cane*
5. *child model* vs. *model child*
6. *store window* vs. *window store*
7. *chocolate milk* vs. *milk chocolate*
8. *salad tomato* vs. *tomato salad*

En español, la combinación sustantivo + sustantivo se da menos que en inglés. Sin embargo, en la lengua moderna, hay cada vez más de estas combinaciones y hay varias maneras de formarlas. En algunos casos, el sustantivo/adjetivo tiene que ser del mismo género que el sustantivo que modifica:

abeja carpintera / obrera / reina

En muchos otros casos, no se hace la concordancia:

mujer soldado

pez espada

También hay casos en que los dos sustantivos se han fundido en uno:

aguanieve

bocamanga

¿Cómo se traducen al inglés estas combinaciones de sustantivo + sustantivo?

1. año luz
2. azul turquesa
3. color café
4. madreselva
5. pan pan
6. proyecto piloto
7. queso crema
8. telaraña

Texto en inglés

Traduzca este texto al español. Identifique los sustantivos que funcionan como adjetivos en el texto y fíjese en su traducción.

Yellowstone National Park

Yellowstone, America's first national park, was established in 1872, only seven years after the end of the Civil War. It is located mostly in Wyoming, but also extends into parts of Montana and Idaho. About four million people visit Yellowstone every year, more than half of them during the months of June, July and August. Visitors can enjoy camping, fishing, hiking, bicycling, skiing and, of course, observing a wide range of wild creatures, from the smallest (butterflies, frogs and hummingbirds) to the largest (bears, bison, and elk). Yellowstone is surrounded by ranchland, and one of the challenges for park managers is negotiating with ranchers about wildlife management.

The park sits on top of a dormant volcano, which is why it is home to more geysers and hot springs than any other place on earth. The geyser called Old Faithful, famous for the regularity of its eruptions, is a favorite. If you're not able to visit Yellowstone, you can watch Old Faithful erupt on the National Park Service website or on videos posted on YouTube.

¿Cómo?

Al darse cuenta de que no tenía suficiente dinero para comprarse el pasaje, un norteamericano que se había montado en un autobús en el Perú dijo:

¡Oh, estoy muy embarazado!

¿A qué se debe el error cometido por este pobre turista? ¿Qué palabra debería haber utilizado?

En Internet

En el Ejercicio 1 del capítulo anterior, hay una lista de películas. Si busca información sobre una película en *Wikipedia,* tiene la opción de leer esa información en español. Al hacer esto, verá que en algunos casos el título se traduce de más de una manera. ¿A qué se debe esta variación?

Ejercicios

Ejercicio 1. Decida si los adjetivos deben colocarse antes o después de los sustantivos.

- *It was the first wedding for both of them.*
    a. boda primera
    b. primera boda

- *The bride's beautiful gown was made of raw silk.*
    a. vestido hermoso
    b. hermoso vestido

- *The priest gave them some wise words of advice.*
    a. palabras sabias
    b. sabias palabras

- *She introduced everyone to her new daughter-in-law.*
    a. nuera nueva
    b. nueva nuera

- *He offered a toast to the happy couple.*
    a. pareja feliz
    b. feliz pareja

- *The wedding was followed by an elegant meal.*
  - **a.** comida elegante
  - **b.** elegante comida

- *They were going to begin the difficult task of married life.*
  - **a.** tarea difícil
  - **b.** difícil tarea

Ejercicio 2. La organización que se conoce como FMI en español (Fondo Monetario Internacional) es *IMF* en inglés *(International Monetary Fund)*. La diferencia en el orden de las siglas se debe a la colocación del adjetivo en las dos lenguas. Traduzca los siguientes términos y diga cuál será el orden de las siglas.

- **a.** **COI** (Comité Olímpico Internacional)
- **b.** **OTAN** (Organización del Tratado del Atlántico Norte)
- **c.** **SIDA** (síndrome de inmunodeficiencia adquirida)
- **d.** **IRM** (imagen por resonancia magnética)
- **e.** **ONG** (organización no-gubernamental)
- **f.** **ADN** (ácido desoxirribonucleico)
- **g.** **ONU** (Organización de las Naciones Unidas)
- **h.** **UCI** (Unidad de Cuidados Intensivos)

Ejercicio 3. (Repaso de prefijos). Trate de adivinar el significado de estas palabras compuestas, basándose en el significado del prefijo y de la raíz.

- **a.** deponer, posponer, reponer(se), suponer
- **b.** devolver, envolver (falso cognado), revolver (falso cognado)
- **c.** contener, detener, mantener, obtener, retener, sostener
- **d.** deshacer(se), rehacer
- **e.** remover

Ejercicio 4. Basándose en el vocabulario del ejercicio anterior, traduzca estas oraciones. Tenga cuidado con los falsos cognados.

español → inglés
- **a.** Tengo dos empleos porque tengo que **mantener** a mi familia.
- **b.** **Contengo** la respiración cuando nado debajo del agua.
- **c.** No me gusta cantar el himno nacional. No puedo **sostener** las notas altas.

  d. Ella **se deshizo en lágrimas** cuando supo lo del accidente.
  e. Nunca se **repuso** de la muerte de su esposa.

inglés → español
  a. *We'll have to **postpone** the meeting.*
  b. *I **wrapped** my sister's birthday present.*
  c. *I have to **return** this book to the library.*
  d. *I **suppose** that you're going to **go back** to your dorm after class.*
  e. *Please **stir** the scrambled eggs while I make the toast.*

Ejercicio 5. (Repaso del pretérito e imperfecto). Lea este microcuento y observe el contraste creado por los muchos verbos conjugados en el imperfecto y los pocos verbos conjugados en el pretérito. Luego, consulte con sus colegas sobre la traducción de este contraste al inglés.

Hablaba y hablaba

Hablaba, y hablaba, y hablaba, y hablaba, y hablaba, y hablaba, y hablaba. Y venga hablar. Yo soy una mujer de mi casa. Pero aquella criada gorda no hacía más que hablar, y hablar, y hablar. Estuviera yo donde estuviera, venía y empezaba a hablar. Hablaba de todo y de cualquier cosa, lo mismo le daba. ¿Despedirla por eso? Hubiera tenido que pagarle sus tres meses. Además hubiese sido muy capaz de echarme mal de ojo. Hasta en el baño: que si esto, que si aquello, que si lo de más allá. Le metí la toalla en la boca para que se callara. No murió de eso, sino de no hablar: se le reventaron las palabras por dentro.

—Max Aub, "Hablaba y hablaba", Crímenes ejemplares,
© Max Aub, 1957, y Herederos de Max Aub

La descripción II

Gramática: *Ser* vs. *estar*

En español, hay dos verbos copulativos (verbos que sirven para ligar una parte de la oración con otra), y en inglés hay solo uno. Este simple hecho produce un sinnúmero de problemas para el anglohablante.

A pesar de la falta de diferenciación en inglés, la diferencia entre **ser** y **estar** es bastante clara en español. No corresponde, sin embargo, a la fácil generalización de que "**ser** expresa permanencia y **estar**, temporalidad". Una descripción adecuada de la diferencia entre las dos cópulas tiene que ser mucho más matizada.

Primero, únicamente **ser** puede unir el sujeto con un sustantivo (o pronombre). Esto tiene que ver, seguramente, con la naturaleza semántica de los sustantivos, que nombran entidades más o menos duraderas. Sin embargo, la conexión entre el sujeto de **ser** y el sustantivo que aparece después del verbo puede ser de corta duración, tal como se ve en esta frase:

Flores **será** director hasta mayo.

Evidentemente, Flores no va a durar mucho como director y su cargo no es permanente. Se usa **ser** en esta frase sencillamente porque **director** es un sustantivo.

Observe estas frases, en que se usa **ser** para ligar el sujeto de la frase con un sustantivo y, luego, tradúzcalas al inglés.

1. En aquel entonces, $500 **era** un precio normal. [_BACK THEN_]
2. Esa señora **ha sido** madre diez veces.
3. Se conocen de toda la vida pero **son** novios solo desde el mes pasado.
4. Cuando **sea** médico, José se ganará muy bien la vida.
5. Pérez **fue** ministro durante la presidencia de Vidal.

Segundo, únicamente **estar** aparece delante del gerundio (la forma impersonal del verbo que termina en **-ndo**); esta combinación produce un verbo compuesto llamado progresivo. El gerundio se refiere a una acción en su transcurso, y esto puede considerarse "temporal" en cierto sentido. Sin embargo, la clave aquí no es la duración sino simplemente la presencia del gerundio.

El granito se **estuvo** formando durante decenas de miles de años.

Observe estas frases en que se usa **estar** para ligar el sujeto de la frase con un gerundio y, luego, tradúzcalas al inglés.

1. Rodrigo se **estaba** durmiendo cuando se acordó del mensaje. [_WAS FALLING ASLEEP_]
2. Cuando yo empiece mis estudios, mi hermano **estará** acabando los suyos.
3. No puedo hablar por teléfono ahora, **estoy** pintando la cocina.
4. Mi prima **estuvo** buscando trabajo durante años. → [_SEES IT AS OVER → CAN DO PROGRESSIVE W/ ING_]
5. **He estado** pensando en lo que me dijiste.

Aparte de un gerundio y de un sustantivo, hay varias partes de la oración que pueden aparecer con **ser** o con **estar**, siempre con una diferencia de significado. El adjetivo combinado con la cópula ser nombra una característica que sirve para diferenciar el sujeto de otros miembros de su categoría. (Recuerde el significado del adjetivo pospuesto al sustantivo, comentado en el capítulo anterior).

Los atletas **son** fuertes. (Comparados con otras personas).

El adjetivo combinado con la cópula **estar** sirve para diferenciar el estado en que se encuentra el sujeto del verbo de algún otro estado. (Acuérdese del significado de la anteposición del adjetivo al sustantivo).

El paciente **está** fuerte. (Comparado con su anterior debilidad).

Traduzca estas frases al inglés de dos maneras: con alguna forma del verbo *to be* y, luego, con otro verbo.
1. ¡Cómo han crecido los niños! **Están** muy altos.
2. Te voy a calentar la sopa porque **está** fría.
3. La pobre Mercedes acababa de salir del hospital y **estaba** muy delgada.
4. ¿Qué le pasa? Ese hombre **está** loco.
5. Los que vieron el incidente **estaban** pálidos de miedo.

Finalmente, las dos cópulas aparecen con el participio (la forma impersonal del verbo que termina en **-do**). Muchas veces, la combinación **ser** + participio constituye la voz pasiva (véase la sección de gramática del próximo capítulo). En otros casos, el participio funciona como un adjetivo que, igual que todos los adjetivos, nombra una característica cuando aparece con **ser** y un estado (el resultado de una acción anterior) con **estar**.

En el diálogo que aparece a continuación aparecen los tres usos de **ser/estar** con el participio comentados en el párrafo anterior. Identifíquelos y, luego, traduzca el diálogo.

(Lorenzo no ha asistido a una reunión, así que sus colegas le asignan la organización de un congreso).

Colega 1: En Lorenzo hemos encontrado a la persona ideal para montar este congreso. **Es** muy **organizado,** no se le escapa ningún detalle.

Colega 2: Sí, sí, esta misma reunión **está** muy bien **organizada** gracias a él.

Colega 3: Recordemos que la asamblea del mes pasado **fue organizada** por Lorenzo y fue un gran éxito.

Texto en español

Localice todos los usos de **ser** y **estar** con participio en el texto que sigue. En cada caso, y de acuerdo con lo expuesto en este capítulo, diga por qué se usa uno u otro verbo copulativo. Luego, traduzca el texto al inglés.

Machu Picchu

Machu Picchu está situado en Perú a 80 kilómetros al noroeste del Cusco. La famosa ciudad perdida de los Incas estuvo escondida, a pesar de la invasión española, durante tres siglos y fue "descubierta" por el norteamericano Hiram Bingham en 1911. Al no haber sido invadida por los españoles, conserva su belleza casi intacta. La ciudad tenía un rol esencialmente ceremonial y espiritual, y está dividida en dos sectores: área urbana y área agrícola. La cuidadosa planificación urbana sugiere que Machu Picchu fue construido bajo la supervisión del estado incaico.

Léxico:
Las formas impersonales del verbo

En español, los verbos conjugados siempre identifican a su sujeto:
hablo (sujeto = yo)
hablas (sujeto = tú) etc.

Pero hay tres formas verbales cuya terminación no identifica a ningún sujeto; estas son las llamadas formas impersonales del verbo:
hablar = infinitivo
hablando = gerundio
hablado = participio

El infinitivo es el nombre del verbo y, siendo nombre, funciona como sustantivo. El anglohablante frecuentemente comete el error de emplear el gerundio como si fuera un sustantivo, porque en inglés el gerundio tiene esta función.

*The most important thing is **speaking** honestly.*

En español, es el infinitivo —no el gerundio— el que se emplea como sustantivo. En la frase que sigue, la cópula **es** tiene la misma función que en muchas otras frases que hemos examinado. Sirve para ligar un sustantivo (**hablar**) con un pronombre (lo).

Lo más importante es **hablar** honestamente.

Traduzca estas frases al español, utilizando el infinitivo español para traducir el gerundio inglés. Para traducir los números 3, 7 y 8, siga las reglas establecidas para el uso de los verbos copulativos.

1. *I like **going** to the movies in the afternoon.*
2. *All human **beings** recognize music.* CIcnos HUMANOS
3. ***Learning** Spanish isn't easy.*
4. *Put it in the **living** room.*
5. *You shouldn't swim after **eating**.*
6. ***Waiting** until the last minute causes a lot of problems.*
7. *The hardest part is **controlling** yourself.*
8. *My favorite hobby is **making** quilts.*

Ninguna forma impersonal del verbo puede funcionar como verbo sin ir acompañada de un verbo conjugado. En la sección anterior se han comentado los verbos compuestos formados por los verbos copulativos combinados con el gerundio y el participio.

Texto en inglés

Traduzca este párrafo al español, eligiendo entre **ser** o **estar** para traducir las formas del verbo *to be*.

Mexico City

Mexico City's mix of cultures is the legacy of its history. In the 16th century, after the conquest of the Aztec empire by Hernán Cortez, the Spaniards built a European city on the site of the Aztec capital, Tenochtitlan. Today, Mexico City is one of the world's largest cities, with a population of more than  20 million in the metropolitan area. It is also one of the most polluted, because the mountains that surround the city trap industrial and automobile pollution. The city was built on an island in an ancient lake and, as a result, buildings are sinking noticeably as underground water is drawn for the use of the city's huge population.

¿Cómo?

El cantante Ricky Martin dijo una vez en un programa de televisión: «*They **all deserve a** big **applause***». Aunque se entiende perfectamente, esto no suele decirse así en inglés.

¿Cuál es la frase hecha en inglés? ¿Cuál es la frase hecha en español?

 En Internet

Hay que tener mucho cuidado con los foros sobre gramática en Internet, porque muchos de los foreros no hacen sino repetir generalizaciones mal interpretadas. Por ejemplo, hay que leer muchos disparates sobre **está loco** antes de leer que la locura se considera una enfermedad *(mental illness* en inglés) y por lo tanto el adjetivo aparece con **estar**, o que **un loco** es un sustantivo y por lo tanto se construye con **ser.** Sin embargo, se puede hacer buen uso del Internet observando cómo los nativohablantes usan **ser** y **estar.** Para hacer esto, meta **es cómodo (o completo, fino, limpio, optimista, violento) y está cómodo (o completo, fino, limpio, optimista, violento)** en un buscador, y trate de entender y justificar dos de las citas.

 **Ejercicios**

Ejercicio 1. Observe los verbos señalados del texto que sigue; cada uno sirve para ligar el sujeto de la frase con un sustantivo y, por lo tanto, debería traducirse con **ser.** (La cláusula *"that Central Park..."* es una cláusula nominal, una cláusula que funciona como sustantivo). Por otra parte, *"man-made"* es un participio y, gramaticalmente, puede aparecer con cualquiera de los dos verbos copulativos. Decida si aquí nombra una acción (→ **ser**) o el resultado de una acción anterior (→ **estar**). Luego, traduzca el párrafo al español.

Central Park

Central Park **is** one of the urban wonders of the world, a green oasis in the great concrete, high-rise landscape of New York City. It **is** so naturally part of the Manhattan environment that many people may not realize it **is** entirely man-made. But what every Park visitor does know **is** that Central Park **is** a haven. It **is** a place where visitors can alter the frenetic rhythms that make New York the most exciting city in the world.

Ejercicio 2. Al traducir este chiste al español, decida si hay que usar **ser** o **estar** para traducir las varias formas del verbo *to be*. Después de acabar la traducción, cuente el chiste en voz alta.

Papa's dying and all the relatives **are** waiting for the end. He's **been** unconscious for days, but all of a sudden he opens his eyes and says to his son, "I **was** dreaming about your mother's apple pie. I love that pie!" His son says, "It **wasn't** a dream, Papa. Mama just made an apple pie." So the father says, "I want a piece of that pie."

The son goes to the kitchen but returns empty-handed. His father says, "Where's my pie?" And the son answers, "I'm sorry. Papa, but Mama says it's for AFTER the funeral."

Ejercicio 3. (Repaso del pretérito e imperfecto). Decida si debe usarse el pretérito o el imperfecto para traducir los verbos indicados:

a. *I didn't expect a good grade, so when I saw the A, I **was** amazed.* ¿**estuve** / **estaba**?
b. *I **wasn't** the one who did it.* ¿**fui** / **era**?
c. *They didn't put him in jail because he **was** so young.* ¿**fue** / **era**?
d. *The rescue squad got there fast, but the victim **was** dead.* ¿**estuvo** / **estaba**?
e. *She doesn't want to get married again because she **was** married to Julio for ten years.* ¿**estuvo** / **estaba**?
f. *The poet **was** Minister of Culture until 1987.* ¿**fue** / **era**?
g. *When you called I guess I **was** in the shower.* ¿**estuve** / **estaba**?
h. *Yesterday I **spent** three hours cleaning the stove.* ¿**estuve** / **estaba**?

Ejercicio 4. Lea este chiste y, luego, explique en qué consiste el juego de palabras y por qué no puede traducirse al inglés.

¿Cómo te llamas?
María de los Ángeles. ¿Y tú?
Daniel, de Nueva York.

Ejercicio 5. (Ejercicio diagnóstico). Traduzca la siguiente historia al español. Ahora que ha estudiado las formas impersonales del verbo y los verbos **ser** y **estar**, aplique esta lección a la traducción de las palabras señaladas. Observe también las formas impersonales del verbo y tradúzcalas correctamente de acuerdo con lo que ha aprendido.

There was a college student who wanted to learn Spanish. After **studying** it for four years, he still couldn't **speak** it well. So, he decided he needed **to use** the language. His first idea **was to take** a trip to a Spanish-speaking country. But, **traveling** is expensive and he didn't have very much money. Fortunately, before he could **make** a decision about all of this, he was offered a job with a company that had a branch in Mexico. On the first day the boss told him to translate a letter written in Spanish. Because he'd studied translation, he was able **to do** it. The first time he talked on the phone in Spanish, however, **was** very difficult. If he'd known how hard it was going **to be**, he wouldn't have answered the phone!

La impersonalidad

Gramática: La voz pasiva y el pronombre se

En el capítulo anterior, dijimos que para formar la voz pasiva se combina una forma de **ser** con el participio. Para entender esto, hay que saber qué es la voz pasiva y para qué sirve. En términos muy sencillos, la voz pasiva es una opción gramatical que permite hablar de una acción sin identificar a la entidad que la lleva a cabo.

La voz pasiva responde a una necesidad comunicativa. En muchos casos, queremos hablar de una acción independientemente del autor de ella (el "agente" en términos gramaticales). En la frase que aparece a continuación, por ejemplo, se usa la voz pasiva porque no se sabe quiénes hicieron la acción:

Las iglesias románicas **fueron construidas** en los siglos XI y XII.

En otros casos, se utiliza la voz pasiva porque no se quiere, o no se puede, comunicar la identidad de alguien:

Ayer **fue revelado** que hubo contactos entre
los narcotraficantes y el gobierno.

Y muchas veces la identidad del agente es sencillamente irrelevante o de poco interés:

En el futuro **serán embotellados** millones de litros de agua.

En los primeros párrafos de este capítulo (¡y en esta frase!) se utiliza otra forma de la voz pasiva. En lugar de eliminar el agente, este puede reemplazarse por el pronombre **se**. En estos casos, el agente está presente pero, debido al reducido contenido semántico del pronombre **se** (que no expresa ni género ni número), no se identifica con ninguna persona específica. Semánticamente, la no identificación del agente equivale a su eliminación.

El uso de **se** para formar la voz pasiva es la opción más corriente en la lengua moderna. Como puede verse en los textos utilizados en este libro, la voz pasiva con **ser** se utiliza mucho menos.

 Traduzca al inglés las frases de los dos párrafos anteriores que contienen las estructuras pasivas **se utiliza**, **puede reemplazarse**, **se identifica**, **puede verse**.

Ahora bien, el pronombre se tiene otros usos no-pasivos. Puede ser un pronombre reflexivo; en estos casos "refleja" la identidad del sujeto de la frase (siempre en tercera persona):

Antonio tiene que afeitar**se** dos veces al día. (se = Antonio)

También aparece en lugar de **le** o **les** delante de los pronombres **lo, la, los, las**:

Se lo voy a dar a Paulina. (se = a Paulina)

Observe que en estos casos el pronombre **se** se refiere a una persona específica; no tiene un significado impersonal.

Lea estos refranes y decida cuál es la función de **se** en cada caso: ¿pronombre reflexivo o impersonal/pasivo?

1. La mejor palabra es la que no **se** dice.
2. El que temprano **se** levantó un talento encontró.
3. El amor no **se** compra con dinero.
4. Cada abeja vive en su colmena y no **se** mete en la ajena.
5. De la boca de los niños **se** oye la verdad.

6. Hablando **se** entiende la gente.
7. **Se** es en la plaza como uno es en la casa.
8. Lo que no **se** ve, pronto **se** olvida.

Texto en español

Lea el siguiente texto e identifique las frases en que se usa **se** en lugar de identificar al agente. Luego, traduzca el texto.

¿Cómo se pronostica el tiempo?

Para realizar una predicción es preciso obtener gran cantidad de información sobre las condiciones existentes en la superficie y en la atmósfera. Los satélites suministran día y noche imágenes completas del disco terrestre, y los barcos que salen al mar y las aerolíneas comerciales igualmente realizan mediciones. Los datos también se agencian a través de globos sonda que las estaciones meteorológicas de todo el mundo lanzan dos veces al día a la atmósfera superior y mediante boyas permanentes que registran la temperatura a cientos de metros de profundidad en el océano. Obtenidos los datos y gracias a la experiencia se realiza la interpretación o, lo que es lo mismo, la predicción.

Sin embargo, los meteorólogos no siempre aciertan en el pronóstico, especialmente en épocas de inestabilidad atmosférica como el otoño y la primavera, que es cuando las variables son más cambiantes. Por mucho que las predicciones se elaboren a partir de numerosos datos obtenidos con la más alta tecnología, están siempre sujetas a probables alteraciones climatológicas.

Léxico:
Otras opciones impersonales

Es muy frecuente hablar de una situación sin identificar a la persona que la inició y, debido a esta realidad comunicativa, hay muchas maneras de construir este tipo de frase. Además de las dos estructuras ya analizadas (**ser** + participio y **se** + verbo), hay otras maneras de evitar mencionar al agente. Por ejemplo, se puede sencillamente conjugar el verbo en la tercera persona del plural, sin hacer referencia a ninguna tercera persona específica. Se hace lo mismo en inglés con el pronombre *they:*

> **Esperan** hasta la última escena para revelar el secreto.
> *They wait until the last scene to reveal the secret.*

También, se puede conjugar el verbo en la forma **tú** (segunda persona del singular informal). Esto no quiere decir necesariamente que el hablante trate al oyente de **tú**; solo quiere decir que la segunda persona se usa de manera impersonal. Esto se hace en inglés con el pronombre *you:*

> **Tienes** que ver la película para poder apreciarla.
> *You have to see the movie to be able to appreciate it.*

Estas opciones no son intercambiables. El uso de la tercera persona no implica que el hablante conozca la situación personalmente, mientras que el uso de la segunda persona sí implica eso.

Escriba dos traducciones para cada frase: una con el verbo conjugado de acuerdo con el sujeto expreso de la frase y la otra con **se**.

1. *You (impersonal) can see the difference right away.*
2. *They (imp.) always put the new merchandise up front.*
3. *To do this you (imp.) don't need tools.*
4. *They (imp.) say it's best to wait a year.*
5. *This way, you (imp.) can eat all you (imp.) want.*
6. *Nowadays, they (imp.) make fewer big cars.*

Texto en inglés

Lea este texto, decida si los verbos en tiempo pasado deben conjugarse en pretérito o en imperfecto, e identifique las frases pasivas (donde no se dice quién hace la acción). Luego, traduzca el texto al español.

How Is Tequila Made?

Tequila is produced in the high-lands of the Mexican state of Jalis-co and surrounding areas. Like other regional products — Champagne, Manchego cheese, Parma ham — it is considered authentic only if made in specific places and of specific ingredients, in this case the blue agave, *Agave tequilana*.

(The liquor made of other types of agave is called *mezcal*.) The plant is a succulent which can survive in arid regions by storing water in its interior. Tequila is made from the heavy heart of the agave, which can weigh up to 45 kilos. The *piña*, as it's called, is split, baked in an autoclave, which is a huge pressure cooker, and then shredded to release its juice. This juice is fermented with yeast and twice distilled to produce white tequila, which is highly alcoholic and must be diluted with water. Aged tequila is produced by storing the undiluted tequila in barrels for up to nine months (*reposado*) or longer (*añejo*).

 ¿Cómo?

La siguiente frase jamás se diría en español, aunque es posible que le suene bien al anglohablante:

Fui nacido en el año 2000.

¿Cómo se dice esto en español? ¿A qué se debe la confusión?

 En Internet

Hay varios videos en Internet que explican cómo se hace el tequila. Busque uno y escuche el comentario, tomando nota de las estructuras impersonales. Luego, comente estas estructuras con sus compañeros de clase.

📒 Ejercicios

Ejercicio 1. Subraye las dos formas de la voz pasiva (**ser** + participio y **se** + verbo) en el siguiente texto y observe cómo se alternan. Luego, traduzca el texto.

- **¿Cuándo se fundó el Museo Nacional del Prado?**
  El edificio fue diseñado por el arquitecto Juan de Villanueva en 1785 como Gabinete de Ciencias Naturales. Años más tarde, se tomó la decisión de destinar el edificio a la creación de un museo, que fue inaugurado en 1819. Allí pueden verse algunas de las obras más importantes de la pintura europea y, especialmente, española.

- **¿Cuándo fue reformado el Museo Nacional del Prado?**
  El edificio ha sido ampliado y remodelado en numerosas ocasiones, para albergar la creciente colección y adaptarse a nuevas funciones. En los años noventa del siglo pasado, se reconoció la necesidad de incorporar edificios del entorno al museo, un proyecto que concluyó en 2007. La última modernización del campus museístico llegó a su fin en 2019, coincidiendo con el bicentenario de la institución.

Ejercicio 2.

a. En la receta que aparece a continuación, todas las instrucciones aparecen en la voz pasiva. El pronombre **se** no tiene número, pero algunos de los verbos que aparecen al lado de **se** son singulares y otros son plurales. ¿Cómo se explica esto?

Papas rellenas al horno
(receta peruana)

Ingredientes
- 8 papas amarillas grandes
- aceite y sal a gusto
- 3 cucharadas de leche evaporada
- 150 gramos de queso fresco
- 1/2 cucharadita de ají molido

Las papas se hierven un poco, se pelan y se les quita una tapita para abrirles un hueco que se rellena con la siguiente masa: se machuca el queso fresco junto con los interiores de las papas y se mezcla esta pasta con aceite, leche y ají. Se rellenan las papas, se tapan con la rebanadita que se les quitó y se colocan en una fuente de hornear, bañándolas con aceite y sal. Se meten a un horno de temperatura regular y a cada instante, con una cuchara, se les baña con el aceite de la fuente hasta que estén cocidas.

b. La forma **se** de la voz pasiva puede usarse como un imperativo, tal como está usada en esta receta. Traduzca la receta al inglés, usando mandatos en lugar de la voz pasiva.

Ejercicio 3. (Repaso de **ser/estar**). En los siguientes casos, ¿debe usarse **ser** o **estar** con el participio? Recuerde que el participio suele tener un valor verbal con **ser** y un valor adjetival con **estar**. Si le parece que hay más de una posibilidad, prepárese para explicar las dos. Después de elegir, traduzca las frases al inglés.

a. Si esta etiqueta _____ rota, usted tiene la obligación de comprar el video.
b. Un dominicano _____ seleccionado como el número uno de las Grandes Ligas.
c. Nuestros helados _____ hechos de productos puramente naturales.
d. La Virgen de la Buena Leche _____ venerada desde hace cinco siglos en Potes.
e. De Niro _____ considerado uno de los mejores actores de la gran pantalla.
f. El acusado _____ encarcelado por orden judicial.
g. El cuadro _____ valorado en más de un millón de dólares.
h. El acusado _____ condenado a pagar una multa y a hacer servicio comunitario.

Ejercicio 4. (Ejercicio diagnóstico). Traduzca la siguiente historia al español. Ahora que ha estudiado la voz pasiva, aplique esta lección a la traducción de la frase señalada. Sugiera por lo menos dos posibles traducciones. ¡OJO! Esta estructura sintáctica no tiene paralelo en español. Identifique la función del pronombre *he* antes de traducirlo.

There was a college student who wanted to learn Spanish. After studying it for four years, he still couldn't speak it well. So, he decided he needed to use the language. His first idea was to take a trip to a Spanish-speaking country. But, traveling is expensive and he didn't have very much money. Fortunately, before he could make a decision about all of this, **he was offered** a job with a company that had a branch in Mexico. On the first day the boss told him to translate a letter written in Spanish. Because he'd studied translation, he was able to do it. The first time he talked on the phone in Spanish, however, was very difficult. If he'd known how hard it was going to be, he wouldn't have answered the phone!

② ⑥ ESCRIBÉ UNA CARTA
IOP   VERB
             DO
             [LA]

SE LA ESCRIBÉ
I WROTE IT TO THEM

③   THE PEN DROPPED ITSELF
     SE MG CAYÓ LA PLUMA
  Y   SE MG ROMPIÓ

     SE MG OLVIDÓ LA TAREA
      THE HOMEWORK FORGOT ITSELF
ACCIDENTAL

④ SE PASIVO / SE IMPERSONAL
                 WHO IS AN
   SE   BUSCAN EMPLEADOS   UNSPECIFIED
     "HELP WANTED"   PERSON

   SE VENDE CASA
     "HOUSE FOR SALE"

   SE PROHIBE FUMAR
     "NO SMOKING"

   SÍ SE PUEDE
     "IT CAN BE DONE"

⑤ RECIPROCAL SE

   SE ABRAZAN
      THEY HUG EACHOTHER

   SE QUIEREN
      THE LOVE EACH OTHER

① Reflexivo

   SE LLAMO JUAN

  LLAMARSE

Niveles de afirmación

Gramática: El indicativo y el subjuntivo

Al traducir del español al inglés, el subjuntivo constituye un problema menor, porque en la inmensa mayoría de los casos, el inglés moderno no tiene formas verbales que correspondan directamente al subjuntivo español.

Lea el siguiente diálogo y localice los verbos conjugados en el modo subjuntivo. Luego, tradúzcalos al inglés y observe que los verbos correspondientes en inglés no llevan una terminación específicamente subjuntiva.

Diana: Pablo, quiero que empecemos el proyecto cuanto antes.
Pablo: El profesor nos dijo que lo entregáramos al final del semestre.
Diana: Sí, pero tengo miedo de que lo dejemos para el último momento.
Pablo: Diana, ¡es increíble que tengas miedo de eso! Jamás te has preocupado por estas cosas.
Diana: Por eso, Pablo, tengo muy malas notas y es posible que no me dejen volver en el otoño.
Pablo: Bueno, tenemos que evitar que pase eso. A ver si mañana nos sentamos juntos a trabajar.

En español, el contraste entre el indicativo y el subjuntivo está expresado en el verbo. Para traducir del inglés al español, entonces, hay que saber manejar el modo gramatical. Sintácticamente, la información marcada por el indicativo puede aparecer en cualquier tipo de cláusula: principal o subordinada. En cambio, la información marcada por el subjuntivo suele aparecer en la cláusula subordinada.

El marcador más común de la subordinación en español es la conjunción **que**, aunque hay muchas otras conjunciones subordinantes: **cuando, donde, como**, etc. Verifique que todos los verbos del diálogo anterior que llevan desinencias subjuntivas aparecen en cláusulas subordinadas.

Semánticamente, los modos indicativo y subjuntivo corresponden a diferentes modos de comunicación. Con el modo indicativo se comunica que cierta información constituye una valiosa aportación al discurso. No toda la información es de tan alta calidad, sin embargo, y por eso tiene que haber más de una manera de presentarla. En inglés, tenemos varias maneras de presentar la información. La amiguita de Carlitos va de mayor a menor afirmación.

En español, se usa el modo subjuntivo para comunicar que cierta información es defectuosa, por ser poco fiable, o poco novedosa. Por ejemplo, cuando nos referimos al futuro no podemos hablar con absoluta seguridad porque el futuro, por definición, no se ha realizado. Por eso, un verbo conjugado que se refiere al futuro y aparece en una cláusula subordinada frecuentemente lleva la marca del subjuntivo.

Con una excepción, los subjuntivos del diálogo entre Pablo y Diana se refieren al futuro. Identifique estos verbos.

Es importante reconocer que el subjuntivo no se usa únicamente para marcar información poco fiable. En ciertos contextos, un hecho puede ser de poco valor informativo sencillamente porque se sabe; en tales casos, va marcado por el subjuntivo. En el diálogo, por ejemplo, Diana introduce el tema de su miedo en indicativo ("**tengo** miedo"). En la próxima frase, Pablo reacciona en indicativo ("**es** increíble"), y el tema repetido del miedo de Diana aparece en subjuntivo ("que **tengas** miedo"). Lo que dice Pablo está dividido en dos partes: una nueva aportación a la conversación, que aparece en la cláusula principal y en indicativo, y una repetición de lo dicho anteriormente, que aparece en la cláusula subordinada y en subjuntivo.

El subjuntivo utilizado en esta tira cómica se refiere a un hecho real; es decir, no se trata de información irreal sino de información conocida. Traduzca la frase al inglés.

© Joaquín Salvador Lavado (QUINO), Todo Mafalda, Lumen.

Con el tiempo, el inglés ha ido perdiendo el subjuntivo y, en muchos casos, reemplazándolo con el infinitivo. Como resultado, muchos verbos que aparecen como infinitivos en inglés tienen que traducirse por el subjuntivo en español.

 Traduzca los infinitivos en inglés al subjuntivo en español. No se olvide de que el tiempo del verbo en la cláusula principal suele determinar el tiempo del subjuntivo en la cláusula subordinada.

Heather: *Hey, do you want me **to help** you with Spanish tonight?*
Oye, ¿quieres que te _ayudas_ con el español esta noche?

Jennifer: *Yeah, but it's better for us **to get together** after 10.*
Sí, pero es mejor que nos _juntemos_ después de las 10.

Heather: *Why? Did your boss ask you **to work** until 10?*
¿Por qué? ¿Te pidió tu jefe que _trabajaras_ hasta las 10?

Jennifer: *No, I told him not **to give** me any work this week.*
No, le dije que no me _dara_ trabajo esta semana.

Heather: *Are you waiting for David **to call** you?*
¿Estás esperando a que te _llame_ David?

Jennifer: *Well, if he calls me, I want to be here.*
Bueno, si me llama, quiero estar aquí.

Fíjese en el uso del indicativo después de **si** en la última frase del diálogo anterior ("**si** me **llama**"). Evidentemente, el subjuntivo no siempre aparece después de **si**. De hecho, solo el pasado del subjuntivo suele usarse en este contexto, para hablar de una situación contraria a los hechos (véase el Ejercicio 2 al final del capítulo). Cuando hay una relación causa-efecto entre las dos cláusulas, se utiliza el indicativo después de **si**.

Observe el uso del verbo **vive** después de **si** en estas frases. Aquí estamos ante un ejemplo muy claro de una relación causa-efecto entre dos cláusulas y, como resultado, el uso del indicativo después de **si**.

- Si un niño vive criticado, aprende a condenar.
- Si un niño vive avergonzado, aprende a sentirse culpable.
- Si un niño vive estimulado, aprende a confiar en sí mismo.
- Si un niño vive elogiado, aprende a apreciar.
- Si un niño vive compadecido, aprende a tener lástima.
- Si un niño vive amado, aprende a amar a los que lo rodean.

Texto en español

En el reportaje que aparece a continuación, localice los verbos conjugados en el modo subjuntivo y pregúntese por qué se han conjugado así. Observe también los usos del pronombre **se**. ¿Cuáles son impersonales? Después de estos pasos preparativos, traduzca el texto al inglés.

Llega la publicidad para extraterrestres

El próximo 12 de junio marcará un hito en la historia de la publicidad, cuando se lance al espacio el primer anuncio dirigido a posibles consumidores en un sistema solar que está a 42 años luz de distancia. Una popular marca de aperitivos se ha asociado con científicos espaciales de la Universidad de Leicester (Inglaterra) para transmitir un anuncio a través del Radar de Ultra Frecuencia hacia la estrella Osa Mayor 47. Sin tener en cuenta el tiempo que tarden los supuestos extraterrestres en descifrar el sistema binario en el que se va a emitir el anuncio, la respuesta no podría llegar a la tierra antes de 2092.

No es la primera vez que se lanza un mensaje al espacio interestelar. La nave Voyager I, lanzada en 1977, lleva adosado un disco de cobre con mensajes de saludo desde la Tierra grabados en varios idiomas, y más de un centenar de fotografías. El mensaje de la Voyager viaja más lento que el de los aperitivos; todavía está saliendo del sistema solar y tardará decenas de miles de años en alcanzar las proximidades de otra estrella, la más cercana, Alfa Centauro, a 4,2 años luz de nosotros.

--Agencia EFE, 10 de marzo de 2008

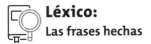

Léxico:
Las frases hechas

Una dificultad que se le presenta al traductor es que, en muchos casos, hay una manera convencional de decir las cosas. Cuando se trata de una frase hecha, una traducción no-convencional —aunque sea correcta gramaticalmente— es inadecuada. Por ejemplo, en español se dice **al fin y al cabo**, una frase adverbial que tiene que aparecer tal cual. No se puede decir, por ejemplo, **al cabo y al fin;** el orden de las palabras dentro de la frase no puede cambiarse. Al traducir esta frase al inglés, no funciona *at the final and at the end,* sencillamente porque esto no se dice en inglés; en cambio, la frase *after all was said and done* comunica la misma idea a la vez que respeta la convención léxica.

 Las frases que aprecen a continuación vienen del texto anterior. Decida en cada caso cuál traducción respeta las convenciones léxicas del inglés.

1. marcará un hito
   a. *will mark a milestone*
   b. *will set a milestone*
   c. *will set a landmark*

2. 42 años luz de distancia
   a. *42 light years distant*
   b. *42 light years in distance*
   c. *42 light years away*

3. científicos espaciales
   a. *astrophysicists*
   b. *space scientists*
   c. *rocket scientists*

4. el espacio interestelar
   a. *space between stars*
   b. *space among stars*
   c. *interstellar space*

5. decenas de miles de años
   a. *thousands of decades of years*
   b. *tens of thousands of years*
   c. *decades of thousands of years*

6. alcanzar las proximidades
   a. *to reach the vicinity*
   b. *to achieve the vicinity*
   a. *to arrive at the vicinity*

Evidentemente, el buen traductor tiene que haber oído y leído mucho. Los diccionarios son una herramienta importante, pero el traductor necesita, antes que nada, un amplio conocimiento de su propia lengua. Para poder aprovechar este conocimiento, los traductores profesionales suelen traducir de otra lengua a la suya propia; así, si tienen alguna duda, pueden recurrir a sus intuiciones.

Texto en inglés

Lea el siguiente texto y trate de identificar los verbos que deben conjugarse en subjuntivo en español. Desde luego, estos verbos no llevan la marca del subjuntivo en inglés.

"Accidental" Discoveries

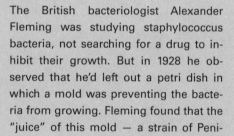

The British bacteriologist Alexander Fleming was studying staphylococcus bacteria, not searching for a drug to inhibit their growth. But in 1928 he observed that he'd left out a petri dish in which a mold was preventing the bacteria from growing. Fleming found that the "juice" of this mold — a strain of Penicillium notatum — could destroy harmful bacteria. The eventual result was penicillin, which allowed modern medicine to cure syphilis, meningitis, diphtheria, and other infectious diseases.

The chemist Roy Plunkett was researching refrigerants for the DuPont Company, not searching for a coating to keep other substances from adhering to it. But in 1938 he observed that the interior of a cylinder containing cold tetrafluoroethylene gas was covered with a powder that had very low surface friction. He realized that this non-stick quality could be useful, and subsequent research and development produced Teflon, which — in addition to numerous industrial applications — allows cookware to be easily cleaned.

If these trailblazers hadn't been observant and analytical, they wouldn't have made their discoveries. Circumstances may be accidental, but scientific training is not.

? ¿Cómo?

Esta extraña traducción apareció en una invitación:

....

¡Queremos ustedes venir a nuestra fiesta!

....

Aquí se ha traducido palabra por palabra una frase escrita originalmente en inglés. ¿Cuál es la frase original? ¿Cómo debería traducirse?

En Internet

Busque más ejemplos del uso del subjuntivo de la siguiente manera: escriba la frase **el día que** en un buscador. Verá que salen entradas con **el día que** + subjuntivo y **el día que** + indicativo. Examine por lo menos dos ejemplos de cada combinación y trate de explicar el por qué del uso de uno y otro modo.

Ejercicios

Ejercicio 1. Debido al significado de **para** (preposición que introduce una meta, concreta o metafórica), un verbo conjugado que aparece después de **para que** tiene que conjugarse en el modo subjuntivo. Observe el uso del subjuntivo en estos refranes y, luego, tradúzcalos. Recuerde que muchos mandatos tienen las mismas desinencias que el presente del subjuntivo; tal es el caso de "hables" en el tercer refrán. (Si no existe un refrán parecido en inglés, la traducción debe mantener el tono folclórico del original).

a. Dios hizo un día tras otro para que en un día no lo **hagamos** todo.
b. Para que **dure** el trabajo, ha de ser moderado.
c. Para que en todas partes **quepas**, no hables de lo que no sepas.
d. Para que **toleren** tus defectos, tolera tú los ajenos.

Ejercicio 2. Para hablar de algo que sabemos que no es cierto —lo que se llama en inglés *contrary to fact*— se utiliza el pasado del subjuntivo después de la conjunción **si**. Traduzca los siguientes refranes, que ejemplifican este uso del pasado del subjuntivo.

a. Si el avariento **fuera** sol, a nadie daría calor.
b. Si **naciéramos** diez veces, diez veces haríamos las mismas sandeces.
c. Si **reinaran** las ranas, no habría tanto sapo.
d. Si **volaran** los necios, nunca veríamos el cielo.

Ejercicio 3. Para traducir los siguientes eslóganes publicitarios, identifique la cláusula subordinada y conjugue el verbo en esa cláusula en subjuntivo. Observe que la conjunción *that* puede suprimirse en algunos contextos en inglés, pero la conjunción **que**, su equivalente en español, tiene que estar presente.

    a.   We want you to buy your dream house.
    b.   If I could sell it any cheaper, I would.
    c.   So strong (that) you'll get tired of it before it wears out.
    d.   When you need us, we'll be here.
    e.   Your mother told you to eat breakfast!
    f.   Ready in five minutes, whenever you're hungry
    g.   The next time (that) you travel, remember this number.
    h.   We do it so (that) you don't have to.

Ejercicio 4. (Ejercicio diagnóstico). Traduzca la siguiente historia al español. Ahora que ha estudiado el subjuntivo, aplique esta lección a la traducción de los verbos señalados.

> There was a college student who wanted to learn Spanish. After studying it for four years, he still couldn't speak it well. So, he decided he needed to use the language. His first idea was to take a trip to a Spanish-speaking country. But, traveling is expensive and he didn't have very much money. Fortunately, before he **could** make a decision about all of this, he was offered a job with a company that had a branch in Mexico. On the first day the boss told him **to translate** a letter written in Spanish. Because he'd studied translation, he was able to do it. The first time he talked on the phone in Spanish, however, was very difficult. If **he'd known** how hard it was going to be, he wouldn't have answered the phone!

2

Traducción
aplicada

Introducción
a la segunda parte

En la primera parte de este libro, la gramática del español ha sido el centro de nuestro interés. En la segunda parte, el léxico va a tener ese protagonismo. Sin embargo, la gramática no deja de ser de fundamental importancia. Al estudiar los capítulos que siguen, no se olvide de que una lengua no está hecha de palabras sueltas, sino de palabras elegidas y organizadas según las reglas de una gramática. Elegir las palabras es solo una parte —aunque sea una parte importante— de la labor de la traducción.

La variación dialectal

Los cambios gramaticales pueden ser difíciles de percibir, y muchas veces no nos damos cuenta de que una estructura gramatical está en auge (la voz pasiva con **se**, por ejemplo) mientras que otra se está usando cada día menos (la voz pasiva con **ser** + participio). De los cambios léxicos, en contraste, somos más conscientes; reconocemos que las palabras utilizadas por los nativohablantes varían de un lugar a otro, de una profesión a otra, hasta de una persona a otra. Desde luego, esta enorme diversidad representa un desafío para el traductor, sobre todo cuando se trata de una lengua mundial como el español, con más de cuatrocientos millones de hablantes.

El español es la lengua oficial de una veintena de países, que se diferencian unos de otros por su composición étnica, su geografía, su cultura y su historia. En vista de todos estos factores diferenciadores, no es sorprendente que haya variación en el mundo hispanohablante; solo sería sorprendente si no la hubiera. Las fuentes más obvias de la variación léxica son: el lugar en el que vive el hablante, la situación comunicativa en la que se encuentra, y la manera en que se define a sí mismo.

Veamos cómo uno de estos factores, la geografía, ha influenciado el léxico del español. Hay palabras que están vinculadas directamente con la geografía. Por ejemplo, el deporte de escalar montañas se llama **alpinismo** (de los Alpes) en el español de Europa, mientras que en las Americas se llama **andinismo** (de los Andes). La geografía influye en los préstamos también. En los dialectos americanos se dice **computador** o **computadora** porque la palabra utilizada en Estados Unidos es *computer,* mientras que en España se dice **ordenador**, que es un préstamo del francés *ordinateur.*

En muchos países latinoamericanos viven poblaciones indígenas cuyas lenguas han contribuido muchas palabras al léxico. Como resultado, muchos nombres de comida y de prendas de vestir tienen variantes que vienen de las grandes lenguas indígenas de las Americas: el náhuatl del imperio azteca, el maya del imperio maya y el quechua del imperio incaico. El **aguacate**, por ejemplo, se llama **palta** (del quechua) en los países andinos; un vestido es **huipil** (del maya) en el sur de México y Guatemala.

La existencia de nuevas realidades trae consigo la necesidad de nombrarlas, y la variación dialectal salta a la vista en estos casos. Pida a un(a) hispanohablante que le diga cómo se llaman estas cosas en su país (o busque las palabras en un buen diccionario):

1. *ballpoint pen*
2. *GPS*
3. *click (click on this icon ...)*
4. *parking lot*
5. *cell phone*
6. *settings*
7. *photocopier* (la tienda)
8. *plastic surgery*
9. *fast food*
10. *speed bump*

El registro

El grado de formalidad del habla tiene consecuencias léxicas, y estas consecuencias se clasifican bajo la rúbrica de **registro.** El lenguaje varía según el lugar en que se utiliza —en casa, en clase, en el trabajo, en una fiesta. Por ejemplo, no se nos ocurriría hablar en un acto académico de la misma manera que hablamos en una comida familiar, o viceversa. Otro factor, inseparable del anterior, son los interlocutores, las personas con quienes hablamos. Como parte del aprendizaje de nuestra propia lengua, hemos aprendido que no podemos hablar de la misma manera con todo el mundo. Los jóvenes, por ejemplo, evitan ciertas palabras al hablar con sus abuelos, quienes reaccionarían mal si esas palabras se utilizaran delante de ellos.

◄ En este dibujo, lo que dice la dama es gracioso precisamente porque se espera que hable en un registro elevado, y no lo hace.

"He's, like, 'To be or not to be,' and I'm, like, 'Get a life.'"

Lee Lorenz / The New Yorker Collection/The Cartoon Bank

No se trata aquí de dar cuenta de todos los factores que determinan el grado de formalidad del habla. Lo único que se puede hacer es sensibilizar al usuario de este libro para que tome en cuenta el registro a la hora de traducir.

He aquí unos contrastes de registro, informal/formal, en inglés. Sugiera alguna manera de expresarlos en español. (Ya que las expresiones informales varían mucho de dialecto en dialecto, sería buena idea consultar a algún(a) nativohablante sobre estas expresiones). También, agregue otro contraste de registro, y tradúzcalo.

1. *no way / absolutely not*
2. *what a drag / this is boring*
3. *yum / this is delicious*
4. *he's loaded / he has a lot of money*
5. *thanks a lot / thank you very much*
6. *hi / how do you do*
7. *got it / I understand*
8. *OK / that's fine*
9. *no problem / you're welcome*
10.

Compare sus respuestas con las de sus compañeros de clase. ¿Qué diferencias hay? ¿En qué registro ocurre el mayor número de diferencias?

Los eufemismos

En todas las culturas existen realidades de las que no se quiere hablar directamente, y por eso en todas las lenguas existen eufemismos. En muchas culturas se habla eufemísticamente de los sucesos más tristes de la vida. En inglés, por ejemplo, podemos decir a secas *He died,* pero mucha gente prefiere suavizar este hecho diciendo (entre otras cosas) *He passed away.* De la misma manera, muchos hispanohablantes dicen **fallecer** en lugar de **morir.** O, donde en inglés se evita decir *the dead man,* prefiriendo *the deceased* o *the dearly departed,* en español se evita decir **el muerto,** y se prefieren eufemismos como **el fallecido, el difunto, el desaparecido** o **el finado.** Desde luego, estos eufemismos varían mucho de dialecto en dialecto.

Con un grupo de compañeros de clase, traduzca al inglés las siguientes frases, que ejemplifican el uso de eufemismos para hablar de la gente rica, y de palabras más crudas para hablar de los pobres. Sugiera por lo menos dos traducciones para cada frase, manteniendo en cada caso el contraste refinado/vulgar. (Y no se olvide de que la traducción hecha por un australiano, un irlandés, un canadiense, un inglés, etc., será muy diferente, porque el inglés también es una lengua mundial).

1. El rico "tiene un trastorno mental", pero el pobre "está más loco que una cabra".
2. El rico "tiene gran espíritu comercial", pero el pobre "es un comerciante agresivo".
3. El rico es "un gastrónomo", pero el pobre es "una muela brava".
4. El rico es "un observador autorizado", pero el pobre es "un entrometido".
5. El rico "ha pasado a mejor vida", pero el pobre "cuelga los tenis".
6. El rico "quiere cambiar de empresa", pero al pobre "lo echan".

El hablante

Es posible que alguna expresión de la sección anterior le haya parecido un poco rara; a lo mejor ha pensado "¡yo jamás diría eso!" al leerla. Sabemos, aunque inconscientemente, que ciertas palabras se identifican con ciertos grupos —hombres/mujeres, jóvenes/mayores, liberales/conservadores, anglohablantes/hispanohablantes, etc.— y al usar o rechazar estas palabras tratamos de proyectar una imagen de lo que somos (o de lo que queremos ser). Los factores externos, dónde estamos y con quién hablamos, no son los únicos que influyen en la elección del léxico; las palabras también se eligen con referencia a la autodefinición del hablante.

Haga el siguiente ejercicio con otra persona. Identifiquen (en inglés) una prototípica expresión masculina y una expresión femenina:

1. ... de asco
2. ... de elogio
3. ... de enfado
4. ... de acuerdo

5. ... de júbilo
6. ... de agradecimiento
7. ... de sorpresa
8. ... de desaprobación

Luego, comenten sus respuestas con sus compañeros de clase. ¿Están de acuerdo todos con las palabras que se han identificado como femeninas/masculinas?

Haga el mismo ejercicio con un(a) hispanohablante y averigüe cómo se expresan estos contrastes en su dialecto. Luego, compare sus respuestas con las de sus compañeros de clase.

Las palabrotas

Las palabrotas (que también se llaman tacos o lisuras) son muy difíciles de traducir. Primero, hay que saber apreciar el impacto que tiene la palabra. En español, por ejemplo, se le dice **¡Jesús!** a la persona que acaba de estornudar. Obviamente, una traducción literal —e inadecuada— de esta palabra sería una palabrota para muchos anglohablantes. De la misma manera, las madres hispanohablantes les dicen **¡Caca!** a sus niños para indicar que no deberían tocar algo sucio, y la palabra es absolutamente inofensiva en tal contexto.

¿Cuál sería una traducción adecuada de estas dos expresiones?

Las palabrotas son difíciles de traducir por otra razón también: constituyen una parte muy inestable del léxico. No solo varían de un dialecto a otro, de un registro a otro y de un hablante a otro, sino que también se desgastan rápidamente. Con el uso, dejan de ser ofensivas y tienen que ser reemplazadas por palabras más chocantes, y este proceso se repite continuamente. También, muchas palabrotas tienen variantes suavizadas, y estos eufemismos añaden aún más matices al léxico. Para traducir una palabrota o su correspondiente eufemismo, hay que determinar cuál es su grado de intensidad, y luego encontrar una palabra en la otra lengua del mismo grado de intensidad.

Muchas interjecciones tienen su origen en palabrotas. Identifique cuál es el origen de estas expresiones. Luego, pregúntele a un(a) hispanohablante por una palabra equivalente en español.

1. *Shoot, I dropped it!*
2. *Darn, it's closed!*
3. *What the **heck** is that?*
4. *Gee, this is harder than I thought.*
5. *Gosh, it's hot in here!*

A ver si puede adivinar cuál es el origen vulgar de estas palabrotas suavizadas. Si no se le ocurre nada, consulte a un(a) hispanohablante. (Desde luego, no todas estas expresiones se utilizan en todos los dialectos del español).

1. ¡Miércoles!
2. ¡Me cachis!
3. ¡Caray/Caramba!
4. ¡Híjole!
5. ¡Pucha!

Los léxicos especializados

Los términos **jerga** y **argot** se refieren a los léxicos especiales de diferentes grupos u oficios. La jerga es difícil de traducir, porque cambia no solo de país en país, sino también de generación en generación. Evidentemente, los mismos usuarios de la jerga no la entienden perfectamente:

Zits © 1998 Dan Piraro, Dist. by King Features Syndicate, Inc.

En los siguientes capítulos de este libro se van a tratar los léxicos especializados de la publicidad, los negocios, la medicina, los deportes, el derecho y la informática. Desde luego, estos no son los únicos léxicos especializados; hay muchísimos más.

En esta introducción se ha estudiado una pequeña parte de la diversidad léxica del mundo hispanohablante. En vista de esta diversidad ¿a qué puede atenerse el traductor? Desde luego, no existe una solución fácil. El primer paso, sin embargo, consiste en tomar conciencia de la existencia de la variación léxica.

El segundo paso consiste en averiguar dónde hay información sobre la variación léxica. En muchos de los ejercicios anteriores, las instrucciones dicen "consulte a un(a) hispanohablante" porque la información en cuestión reside en la conciencia del nativo. Es por esta razón que los traductores profesionales suelen producir textos en su propia lengua, para poder aprovechar sus propias intuiciones. No piense, sin embargo, que todo es cuestión de intuición. Ningún nativohablante conoce todos los léxicos especializados de su lengua. Para algunos de estos léxicos, como la medicina y el derecho, existen diccionarios especializados; para otros, como el deporte, es útil saber inglés porque muchos de los préstamos vienen de esta lengua. En todos los casos, un conocimiento previo del campo facilita el manejo del léxico, ya que las palabras cobran sentido solo en contexto.

Evidentemente, hay que pasar por un largo entrenamiento antes de llegar a ser traductor. La base de este entrenamiento es un amplio conocimiento de las dos lenguas. Con este libro, se pretende establecer esa base.

 ## En Internet

Hay muchos diccionarios especializados en Internet. Busque un diccionario útil de términos informáticos, comerciales, jurídicos, deportivos, o médicos, y comparta esta información con sus compañeros de clase.

Ejercicios

Ejercicio 1. Hasta las letras del alfabeto tienen diferentes nombres en diferentes dialectos del español (aunque las academias de la lengua se han puesto de acuerdo al respecto). Pregunte a un(a) nativohablante cómo se llaman las siguientes letras. Luego, compare sus datos con los de sus compañeros de clase.

    a. b
    b. v
    c. w
    d. ll
    e. y
    f. rr

Ejercicio 2. Las expresiones **chévere**, **macanudo**, **bárbaro**, **padre**, **pura vida**, y **guay** se usan en diferentes dialectos del español para hablar de algo muy bueno. Pregunte a un(a) hispanohablante (1) cuáles de estas palabras utiliza, y (2) si no utiliza alguna palabra, cómo le suena. Anote el país de origen de esta persona, y comparta sus datos con sus compañeros de clase. ¿Qué palabra utiliza Ud. en inglés?

Ejercicio 3. Los eufemismos varían mucho de dialecto en dialecto. Pregunte a dos hispanohablantes cómo se dicen las siguientes palabras de manera fina y de manera vulgar, y también agregue una palabra más a la lista. Anote el país de origen de estas personas. Luego, compare sus traducciones con las de sus compañeros de clase.

    a. lazy
    b. drunk
    c. stupid
    d. ugly
    e. unreliable
    f. stingy
    g.

Ejercicio 4. Pida a un(a) hispanohablante que le sugiera otra manera de expresar los contrastes entre el lenguaje fino y el lenguaje vulgar que constituyen el texto sobre los ricos y los pobres (de la sección sobre el registro). Anote el país de origen de esta persona, para poder comparar las respuestas con las de sus compañeros de clase.

Ejercicio 5. El lenguaje humano echa mano de toda suerte de comparaciones, o, en otras palabras, es altamente metafórico. Las metáforas de una lengua pueden ser diferentes a las de otra, pero a veces se puede hacer un salto mental (¡un salto metafórico!) y adivinar la traducción de una expresión metafórica. Adivine la traducción de estas:

    a. Vivía a dos pasos.
    b. Dormí como un tronco.
    c. Perdió el norte.
    d. Puso los puntos sobre las íes.
    e. Va a cantar como un jilguero.
    f. Es ley de vida.
    g. Puso el dedo en la llaga.
    h. La casa está patas arriba.

El lenguaje de la publicidad

Gramática: El registro y el trato lingüístico del oyente

Cada vez que un hispanohablante se dirige a otra persona, tiene que hacer una elección gramatical que revela cuál es su relación con esa persona. Si cree que la solidaridad es lo más importante de esa relación, va a tutear a su oyente (o, en muchas partes de Latinoamérica, tratarlo de **vos**). En cambio, si quiere destacar la formalidad de la relación, lo va a tratar de **usted.**

En el plural, este contraste existe solo en España, donde el pronombre **vosotros** es el plural de **tú**, y **ustedes** es el plural de **usted** (aunque **vosotros** se está utilizando cada día más en todos los contextos). En cambio, en Hispanoamérica el plural de **tú** (o **vos**) y de **usted** es **ustedes**, que es neutro con respecto a la expresión de solidaridad/formalidad.

Desde luego, el hablante no tiene que pronunciar los pronombres **tú/vos/ vosotros** o **usted/ustedes** para comunicar cuál es su relación con el oyente; esta información forma parte de la conjugación del verbo. De hecho, el pronombre sujeto se usa relativamente poco en español, porque la desinencia del verbo revela la identidad del sujeto. La única excepción a esta generalización son los pronombres **usted/ustedes**, que, debido a su origen histórico, concuerdan con la tercera persona del verbo; por eso, a veces se utilizan estos pronombres para evitar confusión con otras terceras personas.

Las siguientes frases vienen de la prosa publicitaria. Basándose en la forma del verbo, decida si se le trata al consumidor de **tú**, de **vos** o de **usted**.

1. No podrá estar sin él.
2. Es como si tuvieras más pelo.
3. Disfrutá de todos nuestros servicios.
4. Dirígete a cualquier concesionario.
5. Recibirá el primer volumen gratis.
6. Enviando una contraetiqueta, entrarás en el sorteo.
7. Seguí esta apasionante historia.
8. Visite nuestra página web.

La expresión de la relación entre el hablante (o escritor) y el oyente (o lector) es sumamente compleja. Con referencia a la publicidad, hay que decidir cuál es la mejor manera de dirigirse al público: ¿de **tú/vos**, para expresar simpatía e igualdad, o de **usted**, para expresar respeto y seriedad? La respuesta a esta pregunta dependerá de la naturaleza del producto y del mercado, y de la imagen que se quiera proyectar. Lo que está claro es que la publicidad tiene que dar en el blanco con respecto al trato.

Léxico:
Juegos de palabras

La publicidad está basada en dos conceptos. Primero, que el consumidor va a comprar algún producto si el producto le despierta curiosidad. Y, segundo, que para poder despertar la curiosidad del consumidor, hay que llamarle la atención. Siguiendo esta lógica, entonces, las mejores campañas publicitarias tratan de utilizar el lenguaje de una manera atrayente y memorable.

En muchas ocasiones, las campañas publicitarias echan mano de los juegos de palabras, invitando así al consumidor a pasar un rato divertido pensando en la publicidad y (por lo menos en teoría) en el producto. Estos juegos de palabras son problemáticos para el traductor, ya que dependen de unos recursos lingüísticos muy concretos y unas referencias culturales muy específicas. Este dibujo, por ejemplo, tiene gracia porque en inglés *knock his socks off* quiere decir **impactar a una persona**. A pesar de su gracia —o, tal vez, debido a ella— el juego de palabras se pierde en español.

By permission of Johnny Hart and Creators Syndicate, Inc.

Lea estos eslóganes publicitarios, y explique el juego de palabras en cada caso. Luego, si no es posible captar el doble sentido en una sola traducción, traduzca los dos significados.

inglés → español

1. *History's best on PBS*
2. *The quality shows on NBC*
3. *It's about time* (noticiero)
4. *We bring good things to life* (*General Electric*)
5. *Colorado matters* (noticiero)
6. *The company you keep* (*New York Life*)
7. *Worth checking into* (*Baymont Inns & Suites*)

español → inglés

1. Quien la toma, es porque sabe (Cerveza León).
2. Adelantado incluso cuando está en hora (Reloj Hermès).
3. Pone más interés a tu dinero (Banco).
4. ¿Tú te aburres? ¡Yo me libro! (Campaña para el fomento de la lectura).
5. ¡Más bueno que el pan! (Paté Piara).
6. ¡Va de perlas! (Detergente con perlas limpiadoras).
7. Te hace grande (Milo de Nestlé).

Se cuenta que el carro llamado Nova no tuvo éxito en el mercado hispanohablante porque el nombre se entendía como **no va.** Sea cual sea la veracidad de esta anécdota, sí sirve para resaltar el peligro que corre el traductor en el mundo de la publicidad, donde los dobles sentidos y los inesperados malentendidos pueden ser desastrosos. Por lo tanto, hay que pedir el consejo de un nativohablante antes de poner la publicidad delante del público.

Las siguientes palabras parecen ser muy inocentes, pero tienen connotaciones (en algunos dialectos) que no lo son. En muchos diccionarios, estas connotaciones aparecen marcadas por POP (popular), FAM (familiar) o VULG (vulgar). Si su diccionario no le explica cuál puede ser el significado ofensivo de estas palabras, pregúnteselo a un(a) nativohablante. También agregue dos palabras "peligrosas" más a esta lista.

1. la leche
2. tu madre
3. el preservativo
4. coger
5. devolver
6. los huevos
7. el bicho
8. montar
9.
10.

Texto en español:
Las páginas amarillas

Observe que al consumidor se le trata de **usted** en los siguientes anuncios de las páginas amarillas de la guía telefónica de San José, Costa Rica. Resulta que en Costa Rica el trato formal está muy generalizado, y se usa hasta entre marido y mujer y entre padres e hijos. Así es que hay que conocer las características lingüísticas de un lugar antes de lanzarse a hacer publicidad allí.

Subraye todos los indicadores del trato formal, y luego traduzca la publicidad al inglés.

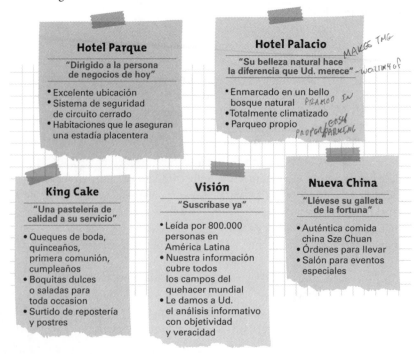

Texto en inglés

Traduzca los siguientes lemas publicitarios al español de dos maneras: para **tú** y para **vos**. Si tiene alguna duda, consulte a un(a) nativohablante sobre la aceptabilidad de su traducción.

Advertising Slogans

1. Just do it
2. You need it
3. Be all that you can be
4. Wake up to life
5. Eat fresh
6. Fly the friendly skies
7. You're in good hands
8. You're not you when you're hungry

? ¿Cómo?

Una compañía que quería aprovechar la visita a los Estados Unidos del Papa Juan Pablo II puso a la venta unas camisetas para el mercado hispanohablante que decían **"Yo vi la Papa"**, cometiendo así dos errores garrafales.

¿Cuáles son los errores? ¿Qué debería haberse escrito en las camisetas?

En Internet

Una de las decisiones que hay que tomar a la hora de diseñar una campaña publicitaria es cómo se va a dirigir al consumidor: ¿de **tú/vos** o de **usted**? Visite dos sitios web dedicados a vender productos por Internet y averigüe qué trato han elegido. Luego comente los resultados con sus compañeros de clase. ¿Hay ciertos tipos de productos que suelen asociarse con el trato informal, o con el trato formal? ¿Es posible evitar esta elección de alguna manera?

 **Ejercicios**

Ejercicio 1. Traduzca el siguiente texto al inglés.

> **Con Ford Windstar no tendrás que preocuparte
> por el carrito de atrás porque su Sensor de Reversa
> te avisará si hay cerca algún objeto.**
>
> Además cuenta con:
> - Bolsas de aire frontales y laterales
> - Llantas antiponchaduras
> - Control de tracción
> - Frenos de disco ABS en las cuatro ruedas
>
> Por todo esto y más, Windstar es la Minivan más segura
> de México, la única con calificación cuádruple cinco estrellas.
>
> Windstar: **"Ninguna es tan segura"**
>
> Ford: **"El poder de tus sueños"**

Ejercicio 2. El texto anterior apareció en una revista mexicana. Consulte con un(a) nativohablante de otro país hispanohablante, y pregúntele si habría que cambiar algo para que el texto suene natural en su dialecto. Luego, comparta sus datos con sus compañeros de clase.

Ejercicio 3. Este eslogan para el Ford Focus se escribió originalmente en inglés, y fue traducido al español:

Vroom para cinco

¿Cuál es la versión original de esta frase? ¿Qué se perdió en la traducción?

Ejercicio 4. Este anuncio es del programa de recompensa por frecuencia de vuelo de una compañía aérea. Léalo y luego conteste a las preguntas:

Lo volado, nadie se lo quita. Sus millas no vencen.

a. ¿Se trata al consumidor de *tú* o de *usted*?
b. ¿A quién se refiere el pronombre *se*?
c. ¿Qué significa 'vencer' en este contexto?
d. ¿Cuál sería una buena traducción?

El lenguaje
de los negocios

Gramática: La expresión lingüística
de la buena educación

Hasta cierto punto, **educación** quiere decir lo mismo que *education;* las dos
palabras son cognados parciales. Pero en español, y sobre todo en la frase
la buena educación, la palabra se refiere al entrenamiento social que recibe
el niño en la casa de sus padres. El niño hispanohablante aprende que se
habla con diferentes personas de diferentes maneras; por ejemplo, a algunas
personas se las trata de **tú/vos**, y a otras de **usted.** Este entrenamiento se ex-
tiende, lógicamente, al mundo laboral, donde la buena educación exige que
se respeten las convenciones lingüísticas de cada profesión.

Muchos departamentos de español ofrecen cursos destinados a enseñar el
lenguaje especializado del mundo de los negocios. Evidentemente, esos cursos
abarcan información que va más allá de los propósitos de este libro; aquí solo
se van a comentar ciertas diferencias entre el lenguaje de los negocios en inglés
y en español. En términos generales, la buena educación se expresa por medio
de la formalidad en español, mientras que se expresa por medio de la sencillez
en inglés. En las cartas escritas en español, las fórmulas de cortesía son de uso
corriente y el lenguaje puede llegar a ser prolijo y florido. En contraste, se nos
enseña en inglés que el mejor estilo es directo y sin rodeos. Para apreciar esta
diferencia, lea la carta que sigue, escrita por el director de un teatro.

Muy señor mío:

Me dirijo a usted para hacer de su conocimiento que no habrá inconveniente alguno en que un grupo de 15 estudiantes de su Universidad visite el Teatro Nacional. Aprovecho la oportunidad para asegurarle las muestras de mi consideración más distinguida.

Atentamente,

Una traducción literal de esta carta revela claramente el estilo florido que se suele emplear en las cartas comerciales en español.

My dear Sir:

I address myself to you in order to make you aware of the fact that there will be no objection whatsoever to having a group of fifteen students from your university visit the National Theater.
I take advantage of this opportunity to assure you of this token of my most distinguished consideration.

Attentively,

Ningún anglohablante se expresaría así, lo que significa que la traducción es defectuosa. Recuerde el contraste establecido en el capítulo introductorio entre las traducciones literales y las traducciones interpretativas. Esta carta comunica dos cosas, información y respeto, y para traducirla bien, hay que traducir tanto el tono como el contenido; es decir, hay que traducir de una manera interpretativa. Para hacer esto en inglés, es preciso quitarle los rodeos retóricos e ir directamente al grano. La versión que sigue es mucho más apropiada, y también mucho más corta:

Dear Sir:

I am writing to inform you that we will be happy to provide a tour of the National Theater for fifteen students from your university. We look forward to your visit.

Very truly yours,

No se olvide de que la corrección gramatical es otra expresión de la buena educación. Las convenciones gramaticales, igual que las convenciones sociales, se tienen que respetar. Una carta plagada de errores delata una falta de atención y de seriedad que puede perjudicar una relación comercial.

Léxico:
Fórmulas de cortesía

El lenguaje de los negocios, con sus fórmulas de cortesía y sus frases hechas, es un lenguaje propio que hay que aprender. Ya se han visto algunas de estas en la carta anterior. He aquí una lista parcial de algunas de las frases hechas que se emplean con frecuencia en la correspondencia comercial en español.

Saludos
- Estimado señor/Muy señor mío:
- Estimada señora/Muy señora mía:
- Estimados señores/Muy señores míos:
- Estimado señor X:
- Estimada señora X:
- A quien corresponda:
- Amable cliente:

¡OJO! Las palabras **Querido(a)** *(Dear)* o **Mi querido(a)** *(My dear)* están reservadas para la correspondencia personal y nunca se emplean en una carta comercial.

¿**Cuál sería una traducción adecuada de estos saludos de la lista anterior?**

Después del saludo, hay que iniciar la carta con una frase adecuada. La lista que sigue es una muestra de varias posibilidades de uso corriente.

Frases introductorias
- La presente [carta] tiene por objeto…
- Por medio de la presente [carta] le informo…
- Tengo el gusto de informarle…
- Tengo el gusto de dirigirle la presente carta…
- Me permito dirigirme a Ud. para…
- Tengo el placer de comunicarle que…
- Acuso recibo de su atenta carta…
- Tengo el honor de poner en su conocimiento…

Lea las frases en español y luego escoja la frase en inglés que mejor le corresponda:

1. _A_ La presente [carta] tiene por objeto...   **a.** *The purpose of this letter is...*
2. _G_ Por medio de la presente [carta] le informo...   **b.** *It is my privilege to inform you...*
3. _F_ Tengo el gusto de dirigirle la presente carta...   **c.** *I am writing to you to...*
4. _C_ Me permito dirigirme a Ud. para...   **d.** *I acknowledge receipt of your letter...*
5. _E_ Tengo el placer de comunicarle...   **e.** *I am pleased to inform you...*
6. _D_ Acuso recibo de su atenta carta...   **f.** *I am pleased to send you this letter...*
7. _B_ Tengo el honor de poner en su conocimiento...   **g.** *This letter is to inform you...*

Para acabar la carta, hay que usar una despedida también convencional. Las siguientes son de uso corriente.

Despedidas

Atentamente,	*Sincerely,*
Suyo(a) atentamente,	*Sincerely yours,*
Quedo de usted atentamente,	*Very truly yours,*
Se despide de usted atentamente,	*Very truly yours,*
Su seguro(a) servidor(a),	*Respectfully,*
Le reitero una vez más las gracias,	*Thank you once again,*

¡OJO! Se usan mucho las despedidas **Un abrazo** o **Abrazos, Tu amigo(a)**, y, sobre todo en el lenguaje femenino, **Un beso** o **Besos** en la correspondencia personal, pero estas despedidas nunca son apropiadas para una carta comercial. Desde luego, será necesario adaptar el saludo y también la despedida al destinatario/los destinatarios de la carta. Por ejemplo, si la carta va dirigida a varias personas y no a una sola, entonces el saludo plural **Muy señores míos** tendría que complementarse con una despedida plural, por ejemplo, **Quedo de ustedes atentamente**.

El uso de las abreviaturas es muy común en las despedidas de las cartas. Basándose en la lista anterior de despedidas, diga qué significan estas abreviaturas.

1. Atte., = ?
2. De Ud., su atto. y s. s., = ?
3. De Ud., su atta. y s. s., = ?
4. De Ud. atte., = ?

Texto en español

La influencia del inglés está aumentando en América Latina y en España, y se nota cada vez más una tendencia a suprimir los adornos en las cartas comerciales. Sin embargo, lo retórico no ha cedido el paso a la concisión, y hay que aprender a conciliar los dos estilos al traducir. Al traducir la carta al inglés, recuerde que la traducción debe reflejar la norma de la correspondencia en lengua inglesa.

Al leer la carta que sigue, pregúntese si el contenido puede expresarse con menos palabras en inglés.

28 de enero de 2020 **CARTA COMERCIAL**

Señor _____
Estimado Sr. _____:

Enviándole un cordial saludo y nuestros mejores deseos para este año que iniciamos; le estamos haciendo llegar, en atención a su solicitud para visitar nuestras instalaciones, los siguientes datos:

El Programa de Atención a Visitantes es una de las campañas que desarrolla la oficina de Relaciones Externas, con el fin de recaudar fondos para los estudiantes procedentes de zonas rurales de América Latina que carecen de los recursos necesarios para financiar sus estudios. Este programa consta de dos tipos de *tour*: visita a las Instalaciones Académicas (precio por persona $5), y visita a la Reserva Forestal (precio por persona $10). La reserva consta de dos hectáreas de bosque en condiciones secundarias, en la que se pueden observar especies forestales propias de la región, así como gran variedad de animales e insectos.

Cada uno de estos *tours* tiene una duración aproximada de dos horas. Es importante recalcar que para su visita a la Universidad es indispensable traer vehículo propio, ya que las distancias dentro del campus son muy largas.

En espera de sus comentarios,

Cordialmente,

SaylorBui
Relaciones Externas

✏️ Texto en inglés

Imagínese que tiene que traducir la siguiente carta para los clientes latino-americanos de un banco. Al hacer la traducción, incluya las expresiones de cortesía a las cuales están acostumbrados los clientes hispánicos.

BUSINESS LETTER

Dear Mr. _____,

Thank you for selecting our bank for your banking services. I was pleased to help you and look forward to seeing you again.

If you have any questions concerning your account or any of our other services, please call me at 000-0000 or stop by our office. There's another telephone number you may wish to keep handy as well. Just dial Bank On-Call at 1-800-000-0000. An On-Call representative will be glad to provide information about any of our services and answer your questions.

Thank you again for choosing _____ Bank. We appreciate your business and will work hard to provide you the service you deserve.

Sincerely,

Sayler Bai

Customer Sales Representative

❓ ¿Cómo?

Evidentemente, la siguiente frase fue escrita en español y luego traducida al inglés.

Allow me to enclose you a selection of the resources available in Internet about this theme.

¿Cuál es la versión original en español? ¿Cuál sería una traducción apropiada léxica, gramatical y estilísticamente?

En Internet

Escriba uno de los saludos de la página 81 en un buscador, y verá que salen muchos sitios web dedicados a las fórmulas de cortesía. Consulte dos de estas páginas.

Ejercicios

Ejercicio 1. Decida cuál de las opciones no sería apropiada para una carta comercial en español. Si no tiene intuiciones al respecto, consulte con un(a) nativohablante.

1. *Dear Sir,*
   a. Estimado señor:
   b. Muy señor mío:
   c. Querido señor:

2. *I am pleased to inform you…*
   a. Tengo el gusto de informarle…
   b. Estoy muy contento (contenta) de informarle…
   c. Tengo el honor de poner en su conocimiento…

3. *I regret to inform you …*
   a. Me da lástima informarle…
   b. Lamento tener que comunicarle…
   c. Siento mucho informarle…

4. *I am writing this letter to…*
   a. Me permito dirigirme a Ud. para…
   b. La presente tiene por objeto…
   c. Te escribo para pedirte…

5. *I have received your letter of September 14…*
   a. Aquí tengo su carta del 14 de septiembre…
   b. Acuso recibo de su carta del 14 de septiembre…
   c. He recibido su amable carta del 14 de septiembre…

6. *We thank you once again for your prompt response…*
   a. ¡Gracias otra vez por responder tan pronto!
   b. Le damos las gracias una vez más por su pronta respuesta…
   c. Le reitero nuestro agradecimiento por su pronta respuesta…

7. *Please complete the enclosed form…*
   a. Por favor, complete la forma encerrada…
   b. Sírvase completar el formulario adjunto…
   c. Favor de completar el formulario anexo…

8. *We hope to hear from you soon…*
   a. Esperamos oír de Ud. pronto…
   b. Esperamos que nos contestes pronto…
   c. En espera de su pronta respuesta…

9. *Very truly yours,*
   a. Un abrazo,
   b. Atentamente,
   c. Quedo de usted atte.,

Ejercicio 2.

a. Inevitablemente, no todas las expresiones se usan en todos los dialectos del español. Entreviste a un(a) nativohablante y pregúntele cuáles de los saludos, las introducciones y las despedidas (de las listas en este capítulo) le suenan más naturales para las cartas comerciales en su país de origen. Tome nota del país de donde viene esta persona. Luego, pregúntele si hay otras fórmulas de cortesía que se usen en su país de origen que no aparezcan en nuestras listas, y añádalas.

b. Consulte con sus compañeros de clase para averiguar qué expresiones de cortesía se asocian con ciertos países hispánicos, y qué expresiones son de uso general en el mundo hispanohablante.

Ejercicio 3. Lea la siguiente carta comercial y, luego, haga los ejercicios indicados:

COMPUPERÚ

CTA. 31599
Apdo. 152-1200
Ced. 3-104-156606
Tel: 257-5757
Fax: 257-6060

Lima, 24 de agosto de 2020

Estimado señor:

Nos es grato ofrecerle nuestra propuesta para productos de la marca que orgullosamente representamos, y que se ajustan a las características solicitadas por usted.

Creemos que el equipo que le estamos ofreciendo le traerá grandes beneficios, y que este le brindará eficiencia y seguridad en el manejo de la información.

De acuerdo a su solicitud, le presentamos las configuraciones o artículos de cómputo más solicitados por nuestros clientes, que incluyen las principales características que una computadora de hoy en día debe tener.

Se suscribe de usted,

José Serrano S.
Ejecutivo de Ventas

FACTURA 00056477	
Prec. Unit.:	65.000
No. Uni.:	10
TOT. BRUTO:	650.000
Descuento:	65.000
Imp. Venta:	70.200
A Pagar:	655.200

a. Es muy común usar abreviaturas en las cartas comerciales. ¿Cuál será el significado de las siguientes abreviaturas que aparecen en esta carta?

- apdo.
- ced.
- cta.
- Prec. Unit.
- No. Uni.
- TOT. BRUTO
- Imp. Venta

b. Ahora traduzca la carta al inglés, recordando que el resultado debe ajustarse a las normas lingüísticas y comerciales de esta lengua.

Ejercicio 4. El siguiente anuncio de trabajo es de un periódico latinoamericano. En grupos pequeños, traduzcan este anuncio en clase, buscando las palabras desconocidas en el diccionario. Recuerden que su traducción debe sonar natural en inglés.

| BAXTER HEALTHCARE |

Excelente empresa en expansión que vive sus valores, requiere para su planta de manufactura ubicada en el Parque Industrial de Cartago: Supervisores de calidad y de producción III turno
Requisitos:

- Graduado universitario en Ingeniería Industrial o carrera afín
- Experiencia mínima de tres años en supervisión de personal
- Experiencia en procesos de manufactura
- Bilingüe (inglés-español)
- Excelentes habilidades de liderazgo, comunicación y trabajo en equipo

Las personas seleccionadas disfrutarán de un paquete de beneficios y salario muy competitivos, con oportunidades de desarrollo y capacitación, así como de un excelente ambiente de trabajo en una empresa de clase mundial. Envíe su curriculum vitae inmediatamente, especificando el nombre de la posición al:

Departamento de Recursos Humanos
Apartado Postal 1-7052
Fax 573-7497
Parque Industrial Cartago

Ejercicio 5. En grupos pequeños, traduzcan este anuncio al español, buscando las palabras desconocidas en el diccionario.

| WESTERN UNION |

Outstanding opportunity with a major international company!

Marketing Specialist

* You must have a good working knowledge of
  international marketing with a minimum of 3 years of
  experience in marketing support; a Bachelor's degree
  (preferably in Marketing or Business); strong computer
  skills, particularly with Word, Excel, and Power Point;
  and bilingual skills (English-Spanish). This position is
  responsible for supporting the regional marketing needs
  of International Commercial Services. Specific emphasis
  is on developing and executing customized marketing
  programs for businesses in Central America, South
  America and the Caribbean.

* Be part of our global family. We provide competitive
  salaries and strong growth potential. For consideration,
  mail/fax your resume with salary history/requirements to:

Human Resources Department
Western Union
P.O. Box 333-1150
San José
We are an Equal Opportunity Employer

El lenguaje de la medicina

Gramática: Repaso de la voz pasiva

Con la voz pasiva se puede hablar de una situación verbal sin identificar a la persona que la lleva a cabo. Esta estructura gramatical es sumamente útil porque permite que nos expresemos en términos impersonales. El habla impersonal se ve mucho en el lenguaje de la medicina para difundir información de interés general sobre las enfermedades y los medicamentos.

Lea el siguiente texto e identifique las estructuras pasivas/impersonales. ¿Qué información se ha suprimido?

Las anfetaminas

La anfetamina es una droga estimulante. En 1927, se descubrió que esta droga aumentaba la presión sanguínea, agrandaba los pasajes nasales y bronquiales, y estimulaba el sistema nervioso central. En 1932, se vendió con el nombre de bencedrina. El uso de esta droga fue regulado en los años 60 por prescripción. Actualmente, se utiliza contra una enfermedad rara y seria conocida como narcolepsia, en la cual sus víctimas padecen de sueño descontrolado. En su forma pura, es un cristal amarillento que se fabrica como un comprimido en cápsulas, píldoras o tabletas. Se ingiere oralmente, se inyecta o se inhala a través de los pasajes nasales.

Tal como puede verse en el texto anterior, la forma pasiva más corriente en el lenguaje moderno es la forma con **se**. La voz pasiva compuesta de **ser** + participio todavía se usa, pero con menor frecuencia.

Vuelva a escribir las frases pasivas del ejercicio anterior en la otra forma de la voz pasiva (**se** → **ser** o **ser** → **se**). En teoría, no se debe combinar la construcción con **se** con una frase preposicional que identifique al agente (por alguien), pero se ve cada vez más este tipo de frase híbrida.

Decida si los verbos en estas frases deben conjugarse en singular o en plural. El pronombre **se** no es ni singular ni plural, así que el verbo suele conjugarse de acuerdo con el número del sustantivo que funciona como su sujeto.

1. Las drogas recetadas **es/son** preparadas en su justa medida para usarse con la frecuencia adecuada.
2. Los inhalantes son solventes volátiles, aerosoles o vapores que se **inhala/inhalan** por vía nasal.
3. Las drogas ilícitas que se **vende/venden** en la calle se **consume/consumen** en su forma pura, combinaciones o derivados.
4. Si se **ingiere/ingieren**, la droga tiene un sabor amargo.
5. Es posible que si un amigo está experimentando con drogas se **note/noten** algunas de las siguientes señales.
6. Se **ha/han** producido muchos anuncios educativos contra las drogas.

Léxico:
El vocabulario médico

El vocabulario médico representa un problema especial para el traductor porque un error de traducción puede llevar a consecuencias muy graves. Cuando se trata de la medicina, la precisión y la exactitud son de suma importancia. Hay diccionarios especializados, pero muchas veces hay que haber estudiado medicina para poder manejarlos con confianza. Así es que no pretendemos ofrecer una visión completa de este tema, sino un vistazo general.

El vocabulario de la medicina en español está basado mayormente en el griego y el latín y contiene un sinfín de cognados con el inglés. Por eso, muchas palabras del léxico médico en español son fácilmente reconocibles. Sin embargo, también existen muchas trampas, y vamos a ver algunas de ellas en esta sección.

Hay palabras que son idénticas o casi idénticas en español e inglés y que tienen el mismo significado. Por ejemplo, palabras como **arteria, vena** y **cáncer** no ofrecen ningún problema para el traductor. Hay grandes diferencias de pronunciación entre los dos idiomas, sin embargo, que tienen que tomarse en cuenta.

Con un(a) compañero(a) de clase, lea estas palabras en voz alta. Pronúncielas según las reglas fonéticas del español; a pesar de la semejanza ortográfica, no siempre se acentúan en la misma sílaba en español que en inglés.

acupuntura	migraña	estetoscopio	artritis
anfetamina	anemia	síntoma	fractura
epilepsia	arteria	anestesia	sinusitis

Es importante notar que en español hay muchas expresiones como **fiebre amarilla** y **enfermedades de transmisión sexual**, y palabras compuestas como **antebrazo**, que son inmediatamente reconocibles. También hay otros términos médicos que tienen dos formas en español, de las cuales una es un cognado del inglés y la otra no. Por ejemplo, **pneumonía/neumonía** (se escribe de las dos maneras) es la misma palabra que *pneumonia*, pero también se llama **pulmonía**; la **malaria** también se llama **paludismo o fiebre palúdica**.

Hay cognados que se diferencian solo ortográficamente (a veces por venir del griego, que tiene otro alfabeto). Hay, por ejemplo, algunas palabras que se escriben con **ph** en inglés pero con **f** en español, y otras que se escriben con **ch** o **k** en inglés pero con **qu** en español. Estos cambios ortográficos pueden producir, como en el caso de **leucemia**, por ejemplo, una marcada diferencia de pronunciación.

Pronuncie estas palabras en voz alta. ¿Cómo se escriben en inglés?

bronquitis	quiropráctico
flebitis	esqueleto
diafragma	sífilis
leucemia	faringitis
enfisema	tráquea

También existen "cognados para conocedores" que son obvios únicamente para los que conocen el léxico de la medicina en inglés. Por ejemplo,
la palabra **cerebro** tiene varios cognados en inglés —*cerebellum, cerebral,
cerebrum*— pero estos cognados no se parecen a *brain*, que es una palabra
germánica. (En realidad, la palabra *cerebrum* se refiere específicamente a
la parte más grande del cerebro). Con un compañero de clase, busque las
palabras de la siguiente lista en el diccionario. Luego, escriba el cognado en
la columna A y la palabra que suele usarse en la columna B.

	(A) Cognado en inglés	(B) Palabra popular en inglés
la mandíbula	MANDIBULA	JAW
el vértigo	VERTIGO	DIZZINESS
la clavícula	CLAVICLE	COLLAR BONE
el esternón	STERNUM	BREAST CHEST
la tortícolis	TORTICOLIS	STIFF NECK
la faringitis	PHARYNGITIS	SORE THROAT
el infarto	INFARCTION	HEART ATTACK

¿Cómo se llama la rama de la medicina practicada por estos profesionales? (Las terminaciones **-atra** e **-ista** son invariables, mientras que
-ólogo/óloga tiene dos formas). Después de hacer el ejercicio, lea las
frases completas en voz alta.
1. El/la psiquiatra (siquiatra) practica la…
2. El/la pediatra practica la…
3. El/la anestesista [el/la anestesiólogo(a)] practica la…
4. El/la neurólogo(a) practica la…
5. El/la oncólogo(a) practica la…
6. El/la ginecólogo(a) practica la…
7. El/la gastroenterólogo(a) practica la…
8. El/la cardiólogo(a) practica la…
9. El/la otorrinolaringólogo(a) practica la…

Inevitablemente, hay falsos amigos en el léxico médico. ¿Cómo deben
traducirse las siguientes palabras al inglés?
1. atender
2. conmoción cerebral
3. constipación/constipado
4. consultorio
5. embarazo
6. insano
7. intoxicación
8. parálisis cerebral

Finalmente, hay muchas palabras en el vocabulario de la medicina que son simplemente irreconocibles o nuevas para el anglohablante. Busque estas palabras en el diccionario y observe que no existe ningún parentesco lingüístico entre la palabra en español y su equivalente en inglés:

español	inglés
paperas	
sarampión	*measles*
viruela	
varicela	
quirófano	
bisturí	
escalofrío	*shivers*
ampolla	
acceso de tos	*coughing fit*
esparadrapo	
muletas	
vientre	
médico de cabecera	
seropositivo	

Texto en español

Antes de traducir, lea el siguiente extracto de un artículo y observe los verbos conjugados en pretérito y en imperfecto.

Cómo 'resetear' el sistema inmune para curar una enfermedad

A los 12 años y por motivos desconocidos, el sistema inmunológico de Javier Casado empezó a atacar las paredes celulares de sus intestinos como si se trataran [*sic*, por **tratara**] de bacterias o virus extraños. Los médicos le diagnosticaron la enfermedad autoinmune de Crohn, y empezó un calvario que duraría 15 años hasta que un tratamiento experimental en el Hospital Clínic de Barcelona logró la hazaña médica de *resetear* su sistema inmunológico.

A los 15 años Javier ya había recibido una colostomía y su pubertad se veía alterada por la cortisona con que se intentaba reducir la actividad de su sistema inmune. Los médicos que en esos momentos hacían su seguimiento le comunicaron que la enfermedad se estaba desarrollando muy rápido, y que le tendrían que extirpar el colon. «Me negué en rotundo. Y entonces me dijeron que en el Hospital Clínic estaban haciendo un tratamiento experimental, muy arriesgado, pero que estaba funcionando bien con otros pacientes. Sentí que no tenía alternativa».

El tratamiento que estaba desarrollando el equipo de la doctora Elena Ricart era conceptualmente sencillo: primero obtener células madre hematopoyéticas de la médula del paciente, después destruir por completo su sistema inmunológico mediante quimioterapia como se hace en casos de leucemia y, a continuación, trasplantar las células madre para regenerar un nuevo sistema inmune sin la memoria del viejo, esperando que no ataque al organismo.

Según los resultados que prevén publicar durante este año, un año después del tratamiento el Crohn había remitido sin ayuda de fármacos en el 90% de pacientes. Poco a poco algunos volvían a tener síntomas, pero mucho más leves que antes de la intervención. Y en el 25% de ellos—incluido Javier—a los 4 años y medio la enfermedad había desaparecido por completo. Ahora Javier hace vida normal y cuenta que está «... muy feliz. Tengo energía e ilusión de nuevo, y ganas de hacer cosas que antes eran imposibles. Es otro mundo».

Pere Estupinyá, *El País* (Madrid), 8 de julio de 2016

Texto en inglés

'The Numbers Are So Staggering'
Overdose Deaths Set a Record Last Year

[...]

New numbers Thursday from the Centers for Disease Control and Prevention show that drug overdoses killed more than 70,000 Americans in 2017, a record. Overdose deaths are higher than deaths from H.I.V., car crashes or gun violence at their peaks. The data also show that the increased deaths correspond strongly with the use of synthetic opioids known as fentanyls. Deaths involving fentanyls increased more than 45 percent in 2017 alone.

[...]

Synthetic drugs tend to be more deadly than prescription pills and heroin for two main reasons. They are usually more potent, meaning small errors in measurement can lead to an overdose. The blends of synthetic drugs also tend to change frequently, making it easy for drug users to underestimate the strength of the drug they are injecting.

[...]

The recent increases in drug overdose deaths have been so steep that they have contributed to reductions in the country's life expectancy over the last three years, a pattern unprecedented since World War II. Life expectancy at birth has fallen by nearly four months, and drug overdoses are the leading cause of death for adults under 55.

? ¿Cómo?

En un restaurante de Córdoba, Argentina, se encuentra esta estrambótica traducción, hecha palabra por palabra:

Guarnición: papas rústicas y batatas asadas con salsas varias

Trimming: rural Popes and sweet potatoes roasted with sauces several

¿Cuál sería una buena traducción? (Las "papas rústicas" son papas hervidas con la cáscara y luego cortadas en trozos y fritas).

En Internet

Escriba "avances médicos" en un buscador y lea uno de los artículos. ¿Cuál ha sido más difícil de entender: el vocabulario especializado (el léxico) o la estructura de las frases (la sintaxis)?

Ejercicios

Ejercicio 1. Traduzca el primer texto de este capítulo, "Las anfetaminas".

Ejercicio 2. El significado de las siguientes palabras depende de su género. Si no las sabe diferenciar, búsquelas en el diccionario.

    a. el cólera vs. la cólera
    b. el coma vs. la coma
    c. el corte vs. la corte
    d. el cura vs. la cura
    e. el especialista vs. la especialista
       (y cualquier otra palabra con el sufijo -**ista**)
    f. el frente vs. la frente
    g. el orden vs. la orden
    h. el parte (médico) vs. la parte

Ejercicio 3. Vuelva a escribir estas oraciones (que vienen de un texto sobre la contaminación ambiental) usando la forma de la voz pasiva compuesta de **ser** + participio.

    1. Para evitar la resequedad y la inflamación oculares, **se pueden utilizar** gotas lubricantes.
    2. Estos remedios solo deben **usarse** cuando la contaminación es muy elevada.
    3. A través del agua **se pueden introducir** al organismo agentes patógenos como la salmonela.
    4. Si la enfermedad **no se atiende** a tiempo, el padecimiento puede evolucionar a una fase crónica.
    5. Un porcentaje elevado de los niños tiene en la sangre un nivel de plomo superior a lo que **se considera** aceptable.

Ejercicio 4. Traduzca estas oraciones, usando lo que usted ha aprendido en este capítulo.

español → inglés
    a. Mi abuela sufre de vértigo.
    b. El niño tiene escalofríos y accesos de tos. ¿Qué tendrá?
    c. Mi padre sufrió una intoxicación por comer unos mariscos contaminados.
    d. Me duele mucho el estómago. El doctor me dijo que tengo una gastritis aguda.
    e. Mi tío es especialista en enfermedades de transmisión sexual.

inglés → español
    a. *The doctor sees patients in her office.*
    b. *She had a heart attack and died.*
    c. *My family doctor put a bandage on my arm.*
    d. *Women should not drink alcohol during pregnancy.*
    e. *He had an auto accident and he has been in a coma for three days.*

Ejercicio 5. (Repaso de **ser** y **estar**). Elija el verbo adecuado en estas frases sobre los efectos del tabaco sobre la salud, y prepárese para justificar su elección.

a. El consumo de tabaco _____ asociado con múltiples gastos sanitarios y sociales.

b. El tabaquismo _____ uno de los principales factores de riesgo de las enfermedades cardiovasculares.

c. Muchas de las muertes atribuibles al consumo de tabaco _____ prematuras (es decir, entre la población menor de 65 años).

d. El tabaco _____ responsable de un mayor número de muertes entre hombres que entre mujeres, aunque las mujeres fuman cada vez más.

e. El consumo del tabaco en la mujer embarazada _____ asociado con toda una serie de patologías.

f. La población no fumadora _____ expuesta a los componentes tóxicos que se emiten en el humo del tabaco de las personas fumadoras.

g. Este tabaquismo pasivo _____ provocando un serio problema de salud pública.

h. Los niños que _____ sometidos al humo del tabaco ambiental presentan una mayor incidencia de dolencias respiratorias.

i. Muchos asmáticos se sienten más afectados cuando _____ rodeados de fumadores.

j. Fumar "solo un poco" tampoco _____ la solución; las personas que fuman algunos cigarrillos al día no _____ exentas de las consecuencias.

El lenguaje de los deportes

Gramática: Repaso del pretérito e imperfecto

Muchos reportajes deportivos narran alguna hazaña: el partido clave, el gol inesperado, el esfuerzo sobrehumano. En estos recuentos, suele haber un contraste muy marcado entre los momentos sobresalientes de la historia, narrados en el pretérito, y el marco en que ocurren esos momentos, descrito en el imperfecto.

Vimos en el Capítulo 2 que se utiliza el pretérito para hablar de situaciones que están completas en algún contexto, y el imperfecto para hablar de situaciones ilimitadas o incompletas en ese contexto. Una vez que el hablante ha clasificado una situación como completa o incompleta, esta clasificación lleva a ciertas inferencias.

El pretérito puede interpretarse así:
- Las situaciones pretéritas se destacan más porque tienen límites. Por eso, constituyen el primer plano de las narraciones.
- Las situaciones pretéritas tienen un punto final. Por eso, sirven para avanzar el hilo de una narración.

El imperfecto puede interpretarse así:

- Al carecer de límites, las situaciones imperfectas carecen también de definición. Por eso, constituyen el segundo plano de las narraciones.
- Las situaciones imperfectas tienen algo en común con el tiempo futuro: ni el uno ni el otro tiene límites. Por eso, el imperfecto puede referirse al futuro en el contexto del pasado.

Identifique los verbos conjugados en el pretérito y el imperfecto en este artículo. Luego, observe que los pretéritos se refieren a eventos concretos en el contexto del reportaje (y constituyen una cronología del fútbol uruguayo), y los imperfectos a información de segundo plano.

Uruguay en la Copa Mundial de Fútbol

Los ingleses lo trajeron a Uruguay, pero el fútbol pronto se convirtió en el deporte nacional. Uruguay ha sido dos veces campeón del mundo, la primera vez en el primer Campeonato Mundial de Fútbol, que se disputó en Uruguay en 1930, donde los uruguayos vencieron a

Colección del Arquivo Nacional
Río de Janeiro, Brasil

los argentinos 4-2. La selección uruguaya volvió a ganar la Copa en 1950, venciendo a Brasil en el primer Mundial después de la Segunda Guerra Mundial. El partido se disputó en Río de Janeiro en el inmenso Estadio Maracaná, que estaba lleno a rebosar, y los brasileños estaban segurísimos de que iban a llevarse el trofeo. De hecho, solo necesitaban empatar ante Uruguay para consagrarse campeón. Sin embargo, y contra todo pronóstico, la selección uruguaya, liderada por su legendario capitán Obdulio Varela, consiguió ganar, venciendo a Brasil 2-1 en una sonada victoria que se conoce como el Maracanazo. En 1954, 1970 y 2010, Uruguay llegó a las semifinales, y en 2018 a cuartos de final, donde fue eliminado por Francia, el eventual campeón.

Léxico:
Los préstamos

Al hablar de una nueva realidad —como, por ejemplo, un deporte con raíces en otra cultura— a menudo se necesitan nuevas palabras. Para suplir esta necesidad, hay varias opciones. Una opción muy corriente en el lenguaje deportivo es sencillamente utilizar una palabra extranjera, tal como la palabra *set* del lenguaje tenístico. Los préstamos también pueden adaptarse a su lengua adoptiva. Con el tiempo, pueden perder su aire extranjero y acabar pronunciándose y escribiéndose en español. De esta manera, *home run* y *knockout* se han castellanizado y ahora se escriben **jonrón** y **nocaut**. También es posible crear una palabra híbrida al combinar una raíz extranjera con un sufijo español; la palabra **bateo**, del léxico del béisbol, es un ejemplo de este proceso de hibridación. Hasta existen palabras en español que están basadas en una raíz inglesa pero que no existen en inglés; un buen ejemplo es la palabra **footing**, usada en España para hablar del *jogging*.

Es perfectamente normal que una palabra prestada se alterne con otra nativa, o que la versión prestada de una palabra se use en un dialecto y la versión nativa en otro. A continuación, aparecen unos pares de palabras de este tipo. Empareje la palabra de la izquierda con el préstamo a la derecha.

1. __F__ la pelota
2. __E__ el cuadrangular
3. __D__ el balonvolea
4. __H__ el cuadrilátero
5. __C__ el receptor
6. __B__ el baloncesto
7. __A__ el lanzador
8. __G__ el torpedero

a. el pitcher
b. el basquetbol/el básquet
c. el catcher
d. el vóleibol
e. el jonrón
f. [pelota de] béisbol
g. el shortstop
h. el ring

Hay otro proceso léxico al que recurrimos con mucha frecuencia sin darnos cuenta: echamos mano de palabras conocidas y las utilizamos en nuevos contextos. De esta manera, ampliamos el significado de palabras existentes. Las palabras **pelota, receptor y cuadrangular**, por ejemplo, forman parte del léxico general, pero su uso específicamente deportivo es relativamente reciente.

Conocerá el significado general de las siguientes palabras, pero ¿qué significan en el contexto del béisbol?

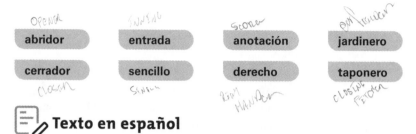

OPENER
abridor

INNING
entrada

Score
anotación

opp. Pitcher
jardinero

CLOSER
cerrador

SINGLE
sencillo

RIGHT HANDER
derecho

CLOSING PITCHER
taponero

✎ Texto en español

Antes de traducir, lea este texto sobre la victoria de Garbiñe Muguruza en Wimbledon, y busque la teminología tenística en el diccionario. Ciertas palabras tendrán la abreviatura DEP (deporte); sin esta ayuda, hay que saber algo sobre el tenis para poder elegir la traducción adecuada.

Una Garbiñe Muguruza estratosférica se corona en Wimbledon

La hispanovenezolana Garbiñe Muguruza se convirtió este sábado en la nueva reina de Wimbledon después de destrozar sin miramientos a la tenista estadounidense Venus Williams. Lo hizo en apenas una hora y 17 minutos en dos sets (7-5, 6-0). Con este triunfo, la tenista afincada en Barcelona puede presumir de ser la única en la historia capaz de derrotar a dos monstruos de la raqueta como son las hermanas Williams en dos finales de Grand Slam.

En un primer parcial extremadamente disputado, Muguruza salvó dos bolas de set que a la postre fueron cruciales para el devenir del encuentro. La lucha por salir victoriosa del primer asalto fue tan extrema que en el segundo Venus se desmoronó. Después de haberse defendido como gata panza arriba en la primera manga salvando dos bolas de set, le bastó a Garbiñe con mantener su solidez para aplastar a toda una campeona que a sus 37 años buscaba convertirse en la más veterana en lograr un Grand Slam.

Pocas cosas diferencian a Williams y Muguruza más allá del choque generacional. Tenísticamente cuentan con muchas similitudes. Agresivas ambas, disfrutan llevando la iniciativa en el juego y teniendo el control del juego. La caraqueña empezó poniendo en juego los saquetazos de su rival pero se pasaba de frenada en sus primeros golpes. Pero, contragolpeando a la más mínima, obligó a Venus a defenderse, algo a lo que no estaba habituada.

Oriol Dotras, *La Vanguardia* (Madrid), 17 de julio de 2017.
Reprinted by permission of the author.

⬛ Texto en inglés

Traduzca el texto que sigue al español.

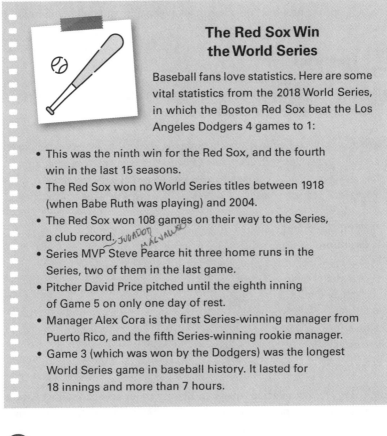

The Red Sox Win the World Series

Baseball fans love statistics. Here are some vital statistics from the 2018 World Series, in which the Boston Red Sox beat the Los Angeles Dodgers 4 games to 1:

- This was the ninth win for the Red Sox, and the fourth win in the last 15 seasons.
- The Red Sox won no World Series titles between 1918 (when Babe Ruth was playing) and 2004.
- The Red Sox won 108 games on their way to the Series, a club record.
- Series MVP Steve Pearce hit three home runs in the Series, two of them in the last game.
- Pitcher David Price pitched until the eighth inning of Game 5 on only one day of rest.
- Manager Alex Cora is the first Series-winning manager from Puerto Rico, and the fifth Series-winning rookie manager.
- Game 3 (which was won by the Dodgers) was the longest World Series game in baseball history. It lasted for 18 innings and more than 7 hours.

? ¿Cómo?

En un periódico bilingüe, uno de los titulares se tradujo de la siguiente manera:

Realizan foro por la solidaridad en Acapulco

They realize a forum for solidarity in Acapulco

Aquí se han cometido dos errores: (1) el titular original contiene una construcción impersonal, y la traducción no reconoce esto, y (2) los verbos **realizar** y *to realize* son falsos cognados. Sugiera una buena traducción.

En Internet

Busque más ejemplos del lenguaje deportivo de la siguiente manera: escriba el nombre de algún deporte (p. ej.: esquí de fondo, boxeo) en un buscador en español. Luego, identifique las palabras prestadas. ¿Cómo se pronuncian? ¿Se han adaptado a la ortografía española?

 ## Ejercicios

Ejercicio 1. En este capítulo el primer texto en español se utiliza para ejemplificar ciertos detalles gramaticales y léxicos. Tradúzcalo al inglés.

Ejercicio 2. Se usa el sufijo **-ista** para nombrar a la persona, hombre o mujer (el género se identifica solo en el artículo), que participa en la actividad nombrada en la raíz de la palabra. Por ejemplo, los que juegan al tenis son tenistas, y los que juegan al golf son golfistas. ¿Cómo se le dice a una persona que practica...

- el alpinismo/el andinismo?
- la ascensión?
- las carreras?
- el ciclismo/el motociclismo?
- el esquí de fondo?
- el fútbol? (= falso cognado)
- el maratón?
- la regata?
- el surf?

Ejercicio 3. A continuación, aparecen algunas frases del texto sobre Garbiñe Muguruza, con algunas posibles traducciones. Diga cuál traducción le parece la más acertada, y prepárese para explicar su elección.

- **después de destrozar sin miramientos:**
    a. *after destroying withooot a backward glance*
    b. *after discourteously destroying*
    c. *after ruthlessly destroying*

- **dos monstruos de la raqueta:**
    a. *two tennis monsters*
    b. *two racquet giants*
    c. *two tennis giants*

- **primer parcial extremadamente disputado:**
  - **a.** *first hard-fought set*
  - **b.** *first extremely disputed set*
  - **c.** *first hard-won set*

- **después de haberse defendido como gata panza arriba:**
  - **a.** *after defending herself like a cat under attack*
  - **b.** *after defending herself tooth and nail*
  - **c.** *after defending herself spitting and snarling*

- **se pasaba de frenada en sus primeros golpes:**
  - **a.** *she held back too much in her first strokes*
  - **b.** *her first strokes were too restrained*
  - **c.** *she braked too hard in her first strokes*

Ejercicio 4. En la prensa norteamericana, los nombres de los peloteros latinoamericanos suelen escribirse sin tildes, pero ahora una iniciativa de las Grandes Ligas reconoce la influencia de estos jugadores al acentuar sus apellidos, por lo menos en sus uniformes. Los apellidos hispanos escritos sin tilde pueden considerarse traducciones; *Perez*, por ejemplo, es una traducción de Pérez, escrita con la ortografía del inglés. ¿Cómo se escriben estos apellidos en español?

- **a.** Baez
- **b.** Cano
- **c.** Cespedes
- **d.** Colon
- **e.** Garcia
- **f.** Leon
- **g.** Marquez
- **h.** Pena

Ejercicio 5. Al traducir estas frases al español, exprese correctamente el género.

- **a.** *He is the best soccer player in the world.*
- **b.** *She is the fastest swimmer in the class.*
- **c.** *They are the best golfers in the United States.*
- **d.** *She is the greatest athlete of her generation.*
- **e.** *The female volleyball players from Brazil have improved a lot.*
- **f.** *He is an excellent mountain climber.*
- **g.** *The Cubans are the world champions in men's baseball.*
- **h.** *The Chinese women are the world champions in gymnastics.*

11

El lenguaje legal

Gramática: Repaso del subjuntivo

La gente se ampara en la ley por diversas razones. En algunos casos, desean controlar de alguna manera lo que va a pasar en el futuro; en otros, quieren encauzar el comportamiento humano. Los testamentos, los contratos, las constituciones y los códigos penales, por ejemplo, se escriben por estas razones.

Lógicamente, los testamentos, los contratos y las constituciones contienen numerosas referencias al futuro. El futuro es inseguro e irreal por naturaleza y es, por lo tanto, semánticamente compatible con el modo subjuntivo, que comunica un menor grado de afirmación que el modo indicativo. No es de sorprender, entonces, que el subjuntivo aparezca con cierta frecuencia en estos documentos.

Estas frases vienen del preámbulo de la constitución de la República de Honduras (1982). Léalas y observe que (1) los subjuntivos aparecen en cláusulas subordinadas, y (2) se refieren al futuro.

> Nosotros, Diputados electos por la voluntad soberana del pueblo hondureño, [...] decretamos y sancionamos la presente Constitución para que fortalezca y perpetúe un estado de derecho que asegure una sociedad política, económica y socialmente justa que afirme la nacionalidad y propicie las condiciones para la plena realización del hombre...

Muchos documentos legales tienen que aplicarse a una amplia gama de circunstancias y, con este fin, están escritos en un lenguaje cuidadoso pero poco específico. Gracias a su significado poco asertivo, el modo subjuntivo es de gran utilidad en la elaboración de un lenguaje inespecífico, y aparece con frecuencia en los documentos legales que tienen que generalizarse a diversos casos.

Identifique todos los subjuntivos del siguiente texto, y explique en cada caso por qué la información en cuestión no puede afirmarse. (**Estuviere** es el futuro del subjuntivo, una forma que está en desuso y aparece solo en ciertos tipos de lenguaje muy formal).

A través de los testamentos se puede:
- Designar herederos.
- Establecer legados: un padre puede disponer cómo se repartirán los bienes entre sus hijos cuando él fallezca siempre que no se afecten los derechos de cada uno de ellos.
- Indicar que los bienes no deben partirse ni repartirse entre los herederos: puede ser que los herederos sean menores de edad o que quien deja la herencia quiera garantizar la continuidad en los ingresos de su cónyuge o que sus sucesores no quieran continuar con la empresa en la cual él invirtió sus mejores años.
- Desheredar a los herederos forzosos que hayan cometido determinados actos precisos.
- Reconocer hijos: ya sea porque es un hijo extramatrimonial o porque no estuviere casado legalmente con quien espere un hijo suyo.

Léxico:
El vocabulario del derecho

Como toda profesión, el derecho tiene su propia jerga especializada, y hay que saber manejarla para traducir documentos legales. El lenguaje legal es especialmente difícil de traducir, porque el sistema jurídico de los países anglohablantes está basado en el derecho inglés, mientras que el sistema jurídico de muchos países hispanohablantes está basado en el derecho romano. Al contrario de lo que ocurre en la medicina, por ejemplo, donde la terminología viene de una fuente común (el griego y el latín), en el mundo de las leyes no siempre existen palabras equivalentes entre un sistema legal y otro.

En el sistema latinoamericano, por ejemplo, hay una corte que se llama el **tribunal de primera instancia.** Este término no puede traducirse literalmente, *court of first instance,* porque esta traducción carece de sentido en inglés. Los términos *lower court* o *magistrate court* en inglés encierran la idea general, pero no especifican claramente cuál es la jurisdicción de este tribunal. Otro caso es la **Sala Cuarta**, que se parece a *court of appeals,* pero que no tiene equivalente en el sistema de los países anglohablantes. Otra complicación son las variaciones dialectales que se encuentran entre los países hispanohablantes, donde la terminología no es uniforme.

✎ Busque las siguientes palabras en un diccionario especializado de términos legales para ver las múltiples traducciones para cada palabra.

indictment   trial

prosecutor   lawyer

hearing   verdict

✎ Lea el siguiente texto y decida, basándose en el contexto, cuál es la mejor traducción de las palabras o frases señaladas. No se olvide de que las palabras elegidas deben pertenecer al lenguaje legal en inglés.

La música pop se politiza

En 2011, Alejandro Fernández, el candidato del Partido Popular a la alcaldía de Tarragona (España), utilizó la canción de Lady Gaga, *Alejandro*, en un vídeo promocional. Desde luego, la letra se había modificado ("Toca PP, confía en Alejandro", etc.), pero la reacción de Sony ATV Music Publishing no se hizo esperar: Sony acusó al PP de plagio y pidió que dejaran de usar la canción. Les **reclamó** a los dirigentes del PP que "dieran instrucciones a YouTube o a cualquier otra web para que procedan **a la inmediata retirada** de los vídeos que contengan la versión no autorizada de la obra *Alejandro*". Además, solicitó que el partido **acreditara notarialmente** que había procedido a la retirada de la obra y que le **facilitaran un listado** de los medios de comunicación que habían difundido la noticia para calcular **el importe de una posible indemnización** para reparar **el perjuicio económico y moral** causado. El PP sí retiró la canción de todos sus actos y redes sociales, pero todavía es posible encontrarla en internet. Alejandro Fernández no llegó a ser alcalde de Tarragona, pero en 2018 **se convirtió** en el líder del Partido Popular en Cataluña.

1. reclamó
   a. *demanded*
   b. *reclaimed*
   c. *required*

2. la inmediata retirada
   a. *the immediate retirement*
   b. *the immediate withdrawal*
   c. *the immediate retreat*

3. acreditara notarialmente
   a. *credit via notary*
   b. *provide notarized accreditation*
   c. *provide notarized proof*

4. facilitaran un listado
   a. *facilitate a list*
   b. *provide a list*
   c. *provide a listing*

5. el importe de una posible indemnización
   a. *the import of a possible indemnity*
   b. *the amount of possible compensation*
   c. *the cost of possible compensation*

6. el perjuicio económico y moral
   a. *economic and moral prejudice*
   b. *economic and moral damage*
   c. *monetary and psychological damage*

7. se convirtió
   a. *he became*
   b. *he turned into*
   c. *he converted himself into*

Texto en español

Lea este artículo periodístico, y busque las palabras señaladas en el diccionario. Muchas de estas palabras se clasifican como JUR. ¿Qué significa esta abreviatura? Luego, traduzca el texto al inglés.

Asesinan a juez vinculado a casos de narcotraficantes

El **juez federal,** Vicente Antonio Bermúdez Zacarías, fue ejecutado de un disparo en la nuca alrededor de las 7:30 de la mañana de ayer, luego de que salió de su domicilio a realizar ejercicio.

En las imágenes obtenidas por *El Universal,* a través de un video, se observa al juez corriendo sobre la calle Árbol de la Vida. Al llegar frente al conjunto residencial del mismo nombre, el homicida se le acerca por la espalda y le pone la pistola en la cabeza, momento en que el juez reacciona e intenta voltear, pero de inmediato recibe el disparo en la nuca y cae tendido al suelo. El criminal se va corriendo y unos metros adelante lo espera otra persona. Los dos huyen del lugar donde más adelante los espera un auto en el que finalmente escapan.

Personal de seguridad del conjunto residencial solicita el auxilio de paramédicos que arribaron al lugar para atender al juez, de 37 años, a quien trasladaron al Hospital Regional, donde reportan que llegó sin signos vitales.

Ante este hecho, el gobernador del Estado de México, Eruviel Ávila Villegas, reaccionó diciendo que las autoridades contaban con las imágenes del asesinato. «He instruido al **procurador** de Justicia del Estado de México a que se aboque a las investigaciones. No quiero adelantar vísperas, no quiero adelantar ninguna línea de investigación, esperemos que sean la **Procuraduría General** de la República y la **Procuraduría mexiquense** las que investiguen. Vamos a hacer respetar a todos los ciudadanos, pero especialmente a quienes imparten justicia».

18 de octubre de 2016, *El Universal,* México DF. ©Agencia EL UNIVERSAL

Texto en inglés

Cuando la policía estadounidense detiene a un sospechoso, tiene que informarle de que tiene ciertos derechos. Esta advertencia tiene varias formas, pero por lo general incluye lo siguiente.

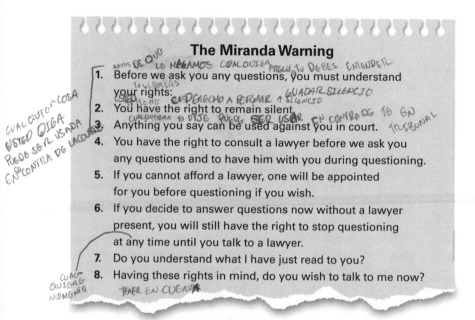

Traduzca este texto, manteniendo el tono directo del original; se trata de producir una traducción fácilmente comprensible, no una traducción llena de tecnicismos. Debido al carácter público de este texto, hay múltiples traducciones en Internet. Debe hacer su propia traducción sin consultar estas traducciones; hablaremos de ellas en otro apartado.

"You have the right to remain silent..."

¿Cómo?

Esta frase es incomprensible en español porque el anglohablante que la escribió estaba pensando en inglés:

> **El estado de California aprobado la ley.**

¿Cuáles son las dos formas verbales que se han confundido aquí? ¿Por qué se confunden en inglés, pero no en español? ¿Cómo se dice esta frase correctamente?

En Internet

Busque una versión de la Advertencia Miranda en Internet o en la comisaría local. Luego, compárela con las versiones recogidas por sus compañeros. ¿Cómo se explican las diferencias?

 Ejercicios

Ejercicio 1. Traduzca el texto "La música pop se politiza" de la sección sobre el léxico.

Ejercicio 2. A continuación, aparece el testamento del mexicano Cayetano Calderón del año 1767. Rellene los espacios en blanco con una forma apropiada del subjuntivo.

> Que me _____ (sepultar) en la iglesia parroquial de San Pedro, con la mortaja y hábito de S. Francisco. Que _____ (asistir) las insignias de las cofradías de Nª Sª del Rosario y Santa Veracruz. Que se _____ (pagar) todos los derechos de mi funeral del importe de la viña del Jano excepto dos cuartas que dejo a mi nuera María Diez por llevarme la ofrenda. Las declaradas once cuartas de viña quiero que las _____ (llevar) mi hijo Manuel por dicha tasación.

Ejercicio 3. El siguiente texto viene de la ley chilena sobre impuestos a la renta. Identifique todos los verbos conjugados en el subjuntivo, y observe que el subjuntivo se utiliza aquí para que la ley se refiera a países y personas genéricos y no específicos.

El impuesto establecido en la presente ley no se aplicará a las rentas oficiales u otras procedentes del país que los acredite, de los Embajadores, Ministros u otros representantes diplomáticos, consulares u oficiales de naciones extranjeras, ni a los intereses que se abonen a estos funcionarios sobre sus depósitos bancarios oficiales, a condición de que en los países que representan se concedan iguales o análogas exenciones a los representantes diplomáticos, consulares u oficiales del Gobierno de Chile. Con todo, esta disposición no regirá respecto de aquellos funcionarios indicados anteriormente que sean de nacionalidad chilena.

Ejercicio 4. (Repaso del verbo **ser**). Lea este texto, titulado *¿Se puede curar la cruda?*, y observe los usos de **ser**. ¿Cómo se explican?

Cuando se toma mucho alcohol, se paga un precio. El alcohol puede causar ciertos efectos muy desagradables, como, por ejemplo, una cruda. ¿Qué **es** la cruda? **Es** una sensación de malestar caracterizada por dolores de cabeza, mareos y cansancio. Ningún medicamento puede curar la cruda, pero **es** posible minimizar sus efectos. El primer remedio **es** sencillo: beber mucha agua, para contrarrestar la deshidratación causada por el alcohol. El jugo de frutas y la miel también **son** útiles, porque contienen fructosa, una forma de azúcar que ayuda al cuerpo a quemar el alcohol. Desde luego, lo más aconsejable **es** beber moderadamente. «Más vale prevenir que lamentar».

Ejercicio 5. (Repaso del pretérito e imperfecto). Traduzca los verbos de este cuento tradicional al español, eligiendo entre pretérito e imperfecto.

The Devil's Bridge

Once, long ago **there was** a village by the side of a river. The land by the village **was** rocky, but the land on the other side of the river **was** green with grass. In order to take their animals to pasture, the villagers **had** to cross the river, but every time the river **flooded**, the bridge that **led** to the other side **would be washed away**. One day after the bridge had been destroyed yet again, an old woman whose animals **were** hungry **said** aloud, "I would give anything for a stone bridge across this river!" Instantly, the Devil **appeared** and **offered** to strike a bargain with her. "I will build a bridge, but in return the first living being that crosses it will be mine." The old woman **agreed**, and the bridge **was built** before her very eyes. Then the old woman, who **went** everywhere with her black cat, **allowed** the animal to cross the bridge before her, and thus she **fooled** the Devil with his own words.

El lenguaje
de la informática

Gramática: La naturaleza
contextual de la gramática

Sin lugar a dudas, el avance tecnológico que más ha influido en el oficio de la traducción es el Internet, que ofrece un sinfín de recursos: diccionarios, enciclopedias, periódicos, páginas web, bases de datos, etc. Desde luego, el Internet también facilita la traducción de manera muy directa: se puede enviar un texto electrónicamente a un cibertraductor y recibir una traducción. Si esto funcionara bien, podríamos cruzarnos de brazos y dejar que las computadoras hicieran nuestro trabajo. Pero, aunque parezca mentira, la traducción computarizada es un servicio de muy limitada utilidad. Vamos a ver por qué.

Busque un servicio de traducción automática en Internet. (En cualquier buscador, escriba *online translation*). Le saldrá una lista de servicios, y algunos de ellos traducirán textos del inglés al español en el acto. Luego, utilice este servicio para traducir el texto que utilizamos en la primera parte de este libro (*There was a college student ...*).

Identifique los errores cometidos por la máquina. ¿Qué errores se cometen más de una vez?

A pesar de que los servicios de traducción automática están al alcance de todos los que tienen acceso al Internet, no han reemplazado a los traductores humanos. Las traducciones automáticas suelen ser muy defectuosas. A continuación, aparece una típica traducción automática de nuestro texto.

> Había un estudiante colegial que quiso aprender español. Después de estudiarlo durante cuatro años, él todavía no lo podría hablar bien. Así, decidió que debía utilizar el idioma. Su primera idea fue de hacer un viaje a un país Hispanohablante. Pero, viajes son caros y él no tuvo muy mucho dinero. Afortunadamente, antes que pueda tomar una decisión acerca de todo esto, él fue ofrecido un trabajo con una compañía que tuvo una rama en México. En el primer día, el jefe lo dijo traducir una carta escrito en español. Porque había estudiado traducción, él pudo hacerlo. La primera vez él habló por teléfono en español fue sin embargo muy difícil. ¡Si había sabido cuán duro iba a ser, él no habría contestado el teléfono!

Está claro que el programa que produjo esta traducción traduce palabra por palabra. Traduce *on* de la expresión *on the first day* sencillamente porque la preposición está presente en inglés, y deja de poner el artículo definido delante de **viajes** porque en inglés no hay artículo. Los errores de este tipo pueden corregirse con un programa que tenga un léxico más completo, y, de hecho, ahora hay programas capaces de reconocer cierto número de palabras anteriores y posteriores. Los errores léxicos, sin embargo, no son los más resistentes a la traducción automática.

Aquí hay errores de traducción que resaltan la naturaleza contextual de las elecciones gramaticales. Por ejemplo, el pronombre sujeto no se utiliza de la misma manera en inglés que en español, y, por lo tanto, *he* no se traduce siempre por **él**. En español, se usa el pronombre sujeto solo cuando hay un cambio de sujeto o cuando el sujeto encierra nueva información. Otro ejemplo lo constituye la defectuosa traducción de *his boss told him to translate,* donde la máquina ha traducido *to translate* por **traducir**, aunque el infinitivo funciona como mandato indirecto. En estos casos, el contexto que se tiene que tomar en cuenta va más allá de las palabras circundantes.

Si algún día se diseñara un programa capaz de tomar en cuenta todo lo que viene antes y después de una palabra en un texto (y ahora los programas más sofisticados tienen acceso a enormes bases de datos de textos traducidos), todavía habría cosas intraducibles. En el sentido más amplio —y más realista— el contexto en el que el hablante elige sus palabras abarca todo lo que sabe sobre el mundo, y ninguna computadora tiene acceso a toda esa información. La elección entre pretérito e imperfecto, por ejemplo, se hace según las intenciones comunicativas del hablante, y muchas veces no la acompaña ningún marcador léxico o sintáctico. Por esta razón, hay muy pocos aciertos en cuanto a la elección entre el pretérito y el imperfecto en esta traducción automática.

Léxico:
Los neologismos

Estamos viviendo ahora la "revolución informática". Como todas las revoluciones —sean políticas, económicas o culturales— esta trae consigo la necesidad de ampliar el léxico para describir una nueva realidad. Las palabras nuevas, o neologismos, del mundo de la informática nos permiten observar de cerca cómo se renueva el léxico. Desde luego, este proceso no es uniforme; al contrario, las diferencias dialectales se acentúan cuando hay tantas palabras nuevas en juego.

Muchos de los neologismos referentes a la informática vienen del inglés. Como todas las palabras prestadas, estos anglicismos pasan al español de varias maneras. Una palabra puede traducirse *(mouse* = el ratón, *Internet* = la red, *e-mail* = el correo electrónico) o sencillamente pronunciarse como si fuera una palabra en español *(mouse* = maus, *Internet* = Internet, *e-mail* = emilio). Se puede combinar una raíz extranjera con un morfema español (chatear) o inventar un nuevo término puramente español (mantener una conversación virtual). La elección en estos casos está en manos del hablante, y responde a factores culturales y sociales.

🖉 En este dibujo se ve que el verbo *click* puede traducirse como **hacer click,** pero no es esta la única manera de traducir la palabra. Sugiera por lo menos dos traducciones para las siguientes palabras. Para encontrar estas nuevas palabras, visite varias páginas web escritas en español.

1. blogger *BLOGVERO*
2. computer *COMPUTADORA COMPUTADO ORDENADOR*
3. search engine *BUSCADOR*
4. to tweet *TUITEAR*
5. chat room
6. instant messaging
7. to scan *ESCANEAR*
8. screensaver *SALVA PANTALLA*
9. spell-check
10. to unsubscribe *DESSUSCRIBIRSE*
11. mousepad
12. to forward

Muchas palabras nuevas son una combinación de prefijo + raíz. Los prefijos se emplean con tanta frecuencia que un prefijo puede ponerse de moda e identificarse con cierto momento histórico. Por ejemplo, ahora que España forma parte de la Unión Europea, el prefijo **euro-** se ve por todas partes: eurodiputado, euromarketing, europolítica, eurotrén, Eurovisión (una sola palabra). Estos ejemplos dejan ver que una nueva palabra compuesta puede basarse en varios tipos de raíces: palabras completas (**diputado, política, tren**), raíces de otras palabras compuestas (-**visión** de televisión), y palabras prestadas (*marketing*).

🖉 He aquí una lista muy parcial de neologismos referentes a la informática hechos con el prefijo **ciber-** (a veces escrito **cyber-**). Para cada palabra, escriba una definición. ¿Cómo se traducen estas palabras al inglés?

1. ciberamigo =
2. cibercafé =
3. ciberclub =
4. cibercomercio =
5. ciberdiario =
6. ciberespacio =
7. ciberjuego =
8. ciberlenguaje =
9. cibernauta =
10. ciberpiratería =

Muchos neologismos pertenecen al dominio del lenguaje popular y, por lo tanto, pueden ser difíciles de traducir. El neologismo **ciberokupas** es una de estas palabras. Si *okupas* significa "persona que ocupa una propiedad vacía", ¿cuál puede ser el significado de **ciberokupas**?

También se pueden juntar palabras completas para formar nuevas combinaciones. Y, una vez más, se puede observar que ciertas combinaciones nacen en momentos muy concretos. Durante los años 90, por ejemplo, se puso de moda el mezclar una diversidad de influencias para producir la música fusión, la cocina fusión, la moda fusión, etc.

El auge de la informática en el mundo hispanohablante ha producido muchas combinaciones de sustantivos con el adjetivo "virtual". ¿Qué significan estas combinaciones? Dé una definición breve y diga cuál es la expresión en inglés.

1. casa virtual
2. conversación virtual
3. dinero virtual
4. mascota virtual
5. oficina virtual

6. revista virtual
7. romance virtual
8. tarjeta virtual
9. tienda virtual
10. visita virtual

Texto en español

Lea este texto e identifique las palabras prestadas del inglés. Luego, traduzca el texto al inglés.

¿Dejarlo todo para crear una startup? La historia de Mesa 24/7

Pedro Callirgos es fundador y presidente de Mesa 24/7, una startup peruana que permite hacer reservas online, eliminando para siempre esas molestas llamadas con música de espera. La app te muestra un listado de restaurantes entre los que puedes elegir según el distrito o tipo de comida, y las horas de reservas (cada 15 minutos). Te creas una cuenta, confirmas, te llega un mail de confirmación y listo. No hay necesidad de llamar.

Callirgos hizo una maestría en Michigan, y luego se quedó trabajando en Estados Unidos en temas de e-commerce. Pero tenía ganas de trabajar para su propia empresa y en su propio país.

Cuando volvió al Perú, se dio cuenta de que, debido al boom gastronómico peruano, conseguir una reserva en un buen restaurante podía ser un proceso penoso. ¿La solución? Tecnología. Con la colaboración de familiares y amigos, contactó a un grupo de desarrolladores que había obtenido un premio en un concurso de startups, y juntos estudiaron la manera de resolver el problema.

Hoy en día Mesa 24/7 es una plataforma que une a comensales con los mejores restaurants del Perú y Chile. Se ofrece gratuitamente a los comensales y se les cobra un monto variable a los restaurantes. Así se describe el servicio en Google: "Tratamos de aliviarle la vida a dueños y trabajadores de restaurantes, y a personas que les encanta comer rico. Gestionamos reservas online en restaurantes, pedidos para llevar, reviews de restaurantes, y novedades".

📝 Texto en inglés

Traduzca el siguiente texto al español. Antes de empezar, tiene que decidir si
va a tratar al usuario de **tú/vos** o de **usted**.

Web Advertising

Problem: your company needs access to the web but you have a limited budget for website design. **Solution:** use our service to get free referrals to website developers. You can begin right now, by filling out the questionnaire below. We will use your answers to identify your special needs, and will then provide you with a list of appropriate website developers. The rest is up to you; you can choose to contact the service providers we identify, or not. It's that easy!

What is the purpose of your consultation?
_____ design personal website
_____ design small business website
_____ update existing website *ACTUALIZAR*
_____ place existing website on major search engines
_____ other (explain)

CUANTAS PAGINAS QUE NECESITE · NECESITARLA USTED
How many pages will you need?
_____ (enter estimate) *PONER LA ESTIMACIÓN ESTIMADO*
_____ I don't know how to estimate the length
NO SÉ CÓMO TASAR EL LARGO
CUAL ES LA COUNT — LA CANTIDAD
What is the maximum amount you can invest in a website?
_____ (enter estimate) *PON LA ESTIMACIÓN*
_____ I don't know how to estimate the cost
NO SÉ CÓMO TASAR EL COSTO

When you finish this questionnaire, click on "Send" (below) and we will get back to you within 48 hours.

 SEND

¿Cómo?

Un estudiante escribió lo siguiente para una campaña turística:

¡Venga a Washington, D. C.!

¡Vea los monumentos!

¡Visite la Casa Blanca!

¡Conozca al Presidente!

¡Vaya a la Mayúscula!

VAYA AL CAPITOLIO

¿Dónde está el error? ¿A qué se debe? ¿Cómo puede corregirse?

 ## En Internet

«Hago click, luego existo» es una versión satírica del aforismo «Pienso, luego existo» (del filósofo René Descartes). Escriba la palabra **aforismos** en un buscador, y lea algunos de los aforismos que encuentre. Elija su favorito y tradúzcalo al inglés. (O, escriba la palabra *aphorism* y traduzca algún aforismo del inglés al español). Luego, comparta sus aforismos con sus compañeros de clase.

Ejercicios

Ejercicio 1. Los "emoticonos" (también llamados íconos gestuales) llevan años circulando por la red en chats o correos electrónicos. Hay que leerlos inclinando la cabeza a la izquierda. Empareje cada emoticón a la izquierda con su significado a la derecha.

____ 1.	:-)	**a.**	guiño
____ 2.	:-D	**b.**	contento
____ 3.	:-O	**c.**	asqueado
____ 4.	:-(	**d.**	risueño
____ 5.	:-|	**e.**	tranquilo
____ 6.	;-)	**f.**	asombrado
____ 7.	:-s	**g.**	triste

Ejercicio 2. Hay tres clases de verbos en español (-AR, -ER e -IR), y los de la primera clase son por mucho los más numerosos. Es por esta razón que los nuevos verbos suelen pertenecer a este grupo. Verifique que los neologismos verbales mencionados en este capítulo sean de tipo -AR. ¿Se le ocurre algún otro ejemplo de este fenómeno?

Ejercicio 3. El lenguaje utilizado en Internet es nuevo y, por ende, muy variable. Pida a un(a) hispanohablante que lea el siguiente texto, escrito en México, y que identifique las palabras dichas de otra forma en su dialecto.

La revista LOS LIBROS DEL MES mantiene en su página los últimos cinco números: usted puede verlos clickeando encima de las tapas que aparecen en la portada.   *click*

Si no desea seguir recibiendo esta información, envíe un email diciendo CANCELAR.

Ejercicio 4. Observe los neologismos en el siguiente texto, y luego traduzca el texto al inglés.

Intentan hackear WiFi de Línea 7 del Metro

A tres días de haber iniciado el servicio de WiFi gratuito en la Línea 7 del Metro, ya se contabilizan 3 mil usuarios quienes consultan principalmente las redes sociales de YouTube y Facebook, y la plataforma de Netflix. Juan Carlos Rubio Castro, director de Ingeniería y Desarrollo Tecnológico del STC Metro, explicó que ya se ha registrado el primer intento de hackeo a la red. Sin embargo, el usuario fue bloqueado sin que se reportaran problemas mayores, por lo que el servicio opera con normalidad.

La red de internet en la Línea 7 tardó más de un año en ser instalada, debido a los 40 metros de profundidad a la que se encuentra, y funciona exclusivamente dentro de los vagones y andenes; no hay señal en pasillos ni escaleras. La conexión dura 30 minutos, que es el tiempo promedio de recorrido entre Barranca del Muerto y El Rosario. La red está programada para evitar contenidos prohibidos como pornográfico o de violencia.

El Universal (Ciudad de México), 5 de diciembre de 2017. ©Agencia EL UNIVERSAL

Ejercicio 5. Trabajando en grupos, elijan un texto corto de algún periódico o revista, o del Internet, y utilicen varios cibertraductores para traducirlo. ¿Cuál es la versión más adecuada? ¿Hay errores cometidos por todos los cibertraductores? ¿A qué se deben estos errores?